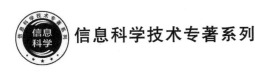

商务营销中的数据挖掘与机器学习：概念、方法、案例

李慧嘉　徐文哲　编著
冯玉豪　曹　杰

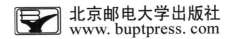

北京邮电大学出版社
www.buptpress.com

图书在版编目(CIP)数据

商务营销中的数据挖掘与机器学习：概念、方法、案例 / 李慧嘉等编著． - - 北京：北京邮电大学出版社，2023.6
ISBN 978-7-5635-6924-3

Ⅰ．①商… Ⅱ．①李… Ⅲ．①市场营销—数据采集—研究②市场营销—机器学习—研究 Ⅳ．①F713.3

中国国家版本馆 CIP 数据核字（2023）第 099715 号

策划编辑：彭　楠　　责任编辑：孙宏颖　王小莹　　责任校对：张会良　　封面设计：七星博纳

出版发行：北京邮电大学出版社
社　　址：北京市海淀区西土城路 10 号
邮政编码：100876
发 行 部：电话：010-62282185　传真：010-62283578
E-mail：publish@bupt.edu.cn
经　　销：各地新华书店
印　　刷：北京虎彩文化传播有限公司
开　　本：720 mm×1 000 mm　1/16
印　　张：12.75
字　　数：256 千字
版　　次：2023 年 6 月第 1 版
印　　次：2023 年 6 月第 1 次印刷

ISBN 978-7-5635-6924-3　　　　　　　　　　　　　　　　定　价：66.00 元
· 如有印装质量问题，请与北京邮电大学出版社发行部联系 ·

前　　言

随着大数据的快速发展,商务营销和电子商务逐渐过渡到大数据时代,新一代的商务模式出现了。电子商务是在互联网、企业内部网、增值网上以电子交易方式进行交易和相关服务的活动,是传统商业活动各环节的电子化、网络化、信息化。如今,电子商务已占据了很大的市场比重,并且电子商务的销售额也呈现快速增长的趋势。全球知名市场调研机构 eMarketer 的调查显示,2022 年全球电商销售额首次突破 5 万亿美元,占整体零售总额的 1/5,到 2025 年,预计这个数字将突破 7 万亿美元。如此快速的增长为新一代电子商务行业发展带来了广阔的前景,这意味着一个强劲的市场和广阔的用户需求。在大数据时代,电商平台和入驻商家如何利用人工智能和区块链技术发掘数据的价值,从而在技术、创新、商业模式等方面获得竞争优势,是新的机遇和挑战。

商务数据作为数据时代新一代商务营销的应用,具有数据体量大、数据种类多、价值密度低、处理速度快等特性。同时,新一代的商务数据具有多源、异构、高度碎片化等典型特征,其分析与决策也面临着实时决策、个性化服务、多元化决策等需求。因此,人们在有效挖掘数据的价值方面面临着巨大的挑战。

本书共分为 3 个部分。第一部分主要讨论了数据挖掘是什么,以及为什么要进行数据挖掘:第 1 章对数据挖掘与电子商务的关系进行了概述,并给出了许多现实生活中的例子;第 2 章是对数据挖掘方法的概述;第 3 章是对数据挖掘过程中可能采取的统计学基础方法的回顾。第二部分主要讨论了数据挖掘技术;第 4 章介绍了聚类分析,主要包括基本概念和聚类检测评估方法;第 5 章讨论了决策树的基本概念、生成方式以及实践等;第 6 章介绍了市场营销中的风险分析和生存分析;第 7 章讨论了人工神经网络的发展历史、基本概念等;第 8 章介绍了数据仓库、OLAP 等数据库技术。第三部分主要讨论了电子商务背景下的相关知识与应用:第 9 章主要介绍了电子商务推荐系统、主流的推荐系统技术,以及具体的案例分析;第 10 章是对电子商务攻击模型与检测技术的详细阐释;第 11 章介绍了电子商务环境下的网格架构与动态联盟体系。本书的重点既包括数据挖掘的技术解释,也包括数据挖掘的实际应用。本书通过提供许多实例来帮助读者加深对理论知识的理解，以及培养其实际应用能力。

在国家自然科学基金的资助和支持下，本书对商业数据挖掘的理论和实践问题进行了较为系统的研究。我们希望通过这样一本书让读者对数据挖掘有全面的认识，为数据挖掘相关专业的本科生和研究生，以及从事相关工作的技术人员提供参考。

感谢王文璇、宋莘鹏、谭文泽、李晓燕、黄照词、赵文曙、王迅龙、丁预稳、李阳等人为本书做出的贡献。

由于作者掌握的资料有限，加上时间紧迫，书中难免有疏漏之处，欢迎广大读者批评指正。

作 者

2022 年 8 月

目 录

第1章 数据挖掘与电子商务的关系 ··· 1

1.1 客户关系管理 ··· 1
1.1.1 交互处理系统的作用 ·· 2
1.1.2 数据库的作用 ·· 3
1.1.3 数据挖掘的作用 ··· 4
1.1.4 客户关系管理策略 ··· 4
1.2 数据挖掘的定义 ·· 5
1.3 数据挖掘的功能 ·· 6
1.3.1 分类 ·· 6
1.3.2 预测 ·· 7
1.3.3 关联规则 ··· 7
1.3.4 聚类 ·· 7
1.3.5 定性分析 ··· 8
1.4 数据挖掘的发展契机 ··· 8
1.4.1 数据大量产生 ·· 9
1.4.2 数据库技术 ·· 9
1.4.3 电子计算机运算能力提高 ·· 9
1.4.4 数据重要程度上升 ··· 9
1.4.5 信息成为一种商品 ··· 10
1.5 数据挖掘的使用场景 ··· 10
1.5.1 超市成为信息中间商 ·· 10
1.5.2 基于推荐的业务 ··· 11
1.5.3 交叉销售 ··· 11
1.5.4 筛选客户 ··· 11

本章小结 ·· 12
本章参考文献 ·· 13

第 2 章 数据挖掘方法简介 ·· 14

2.1 模型假设检验及分析与预测 ·· 14
2.1.1 假设检验 ··· 14
2.1.2 模型分析与预测 ·· 15

2.2 数据挖掘步骤简介 ·· 17
2.2.1 将商业问题转换为数据挖掘问题 ································· 18
2.2.2 选择合适的数据 ·· 18
2.2.3 了解数据 ··· 20
2.2.4 创建模型集 ··· 21
2.2.5 解决数据中的问题 ·· 22
2.2.6 转换数据 ··· 23
2.2.7 建立模型 ··· 23
2.2.8 评估模型 ··· 24
2.2.9 部署模型 ··· 24
2.2.10 评估结果 ··· 25
2.2.11 重新开始 ··· 25

本章小结 ·· 25
本章参考文献 ·· 25

第 3 章 数据挖掘中的统计知识 ·· 27

3.1 奥卡姆剃刀 ··· 27
3.1.1 零假设 ·· 27
3.1.2 P 值 ··· 28

3.2 观测数据 ··· 28
3.2.1 观测离散的数值 ·· 29
3.2.2 观察连续性变量 ·· 31
3.2.3 其他统计思想 ··· 32

3.3 度量响应 ··· 32
3.3.1 比例标准误差 ··· 32

3.3.2 利用置信区间比较结果 ································· 34
3.3.3 使用比例差异比较结果 ································· 35
3.3.4 样本大小 ·· 35
3.3.5 置信区间的真正含义 ······································ 36
3.3.6 实验组和对照组 ··· 36
3.4 多重比较 ··· 37
3.4.1 多重比较的置信水平 ······································ 37
3.4.2 Bonferroni 校正法 ··· 38
3.5 卡方检验 ··· 38
3.5.1 期望值 ·· 38
3.5.2 卡方值 ·· 39
3.5.3 卡方与比例差的比较 ······································ 40
3.6 数据挖掘与统计 ·· 41
3.6.1 基础数据无测量误差 ······································ 41
3.6.2 存在大量数据 ·· 41
3.6.3 时间依赖性随处可见 ······································ 42
本章小结 ··· 42
本章参考文献 ·· 43

第4章 聚类分析 ·· 44

4.1 寻找简化的子集 ·· 44
4.1.1 星团 HR 图 ··· 45
4.1.2 鸢尾花 ·· 46
4.2 K-Means 聚类 ·· 46
4.2.1 K-Means 算法的 3 个步骤 ······························ 47
4.2.2 K 的含义 ·· 48
4.3 相似度与距离 ·· 49
4.3.1 相似度度量和变量类型 ··································· 49
4.3.2 相似度度量方法 ··· 50
4.4 聚类数据处理 ·· 52
4.4.1 一致性缩放 ··· 52
4.4.2 信息加权处理 ·· 53

4.5 其他聚类检测方法 ·········· 53
   4.5.1 高斯混合模型 ·········· 53
   4.5.2 聚合聚类 ·········· 55
   4.5.3 分裂聚类 ·········· 57
   4.5.4 自组织映射神经网络 ·········· 57
4.6 评估聚类 ·········· 57
4.7 案例研究：对客户进行细分 ·········· 58
   4.7.1 数据 ·········· 59
   4.7.2 数据可视化 ·········· 59
   4.7.3 使用 K-Means 生成聚类 ·········· 61
本章小结 ·········· 62
本章参考文献 ·········· 63

第 5 章 决策树分析 ·········· 64

5.1 决策树的含义 ·········· 64
5.2 决策树的生成 ·········· 65
   5.2.1 寻找分裂 ·········· 65
   5.2.2 度量不纯度的方法 ·········· 67
5.3 修剪决策树 ·········· 72
   5.3.1 CART 算法 ·········· 73
   5.3.2 C5 修剪算法 ·········· 75
5.4 从决策树中提取规则 ·········· 75
本章小结 ·········· 77
本章参考文献 ·········· 77

第 6 章 生存分析 ·········· 78

6.1 生存分析简述 ·········· 79
   6.1.1 保留与保留曲线 ·········· 79
   6.1.2 生存 ·········· 82
   6.1.3 删失数据 ·········· 84
6.2 风险分析 ·········· 85
   6.2.1 持续性风险 ·········· 85

6.2.2 比例性风险 ·· 86
6.2.3 风险函数 ·· 86
6.3 实践中的生存分析 ·· 87
6.3.1 客户流失与生存分析 ·· 88
6.3.2 客户回购与生存分析 ·· 90
本章小结 ··· 92
本章参考文献 ·· 92

第7章 人工神经网络 ·· 94

7.1 神经元模型 ·· 94
7.2 感知机 ·· 95
7.3 神经网络的模型 ·· 96
7.4 神经网络的激活函数 ··· 98
7.4.1 sigmoid 函数 ·· 98
7.4.2 tanh 函数 ··· 99
7.4.3 ReLU 函数 ··· 100
7.5 神经网络的损失函数 ··· 100
7.5.1 均方差函数（主要用于回归） ·· 101
7.5.2 交叉熵函数（主要用于分类） ·· 101
7.6 偏差与方差、泛化误差 ·· 102
7.6.1 偏差与方差 ·· 102
7.6.2 泛化误差 ·· 103
7.7 神经网络的算法 ·· 103
7.8 卷积神经网络 ··· 105
7.8.1 全连接层 ·· 105
7.8.2 下采样结构 ·· 105
7.8.3 上采样结构 ·· 106
本章小结 ··· 107
本章参考文献 ·· 107

第8章 数据仓库和OLAP ··· 108

8.1 数据结构 ··· 108

- 8.1.1 交易数据——基础层 ………………………………………… 109
- 8.1.2 操作汇总数据 …………………………………………………… 109
- 8.1.3 决策支持汇总数据 ……………………………………………… 110
- 8.1.4 数据库模式 ……………………………………………………… 110
- 8.1.5 元数据 …………………………………………………………… 113
- 8.1.6 商业规则 ………………………………………………………… 114
- 8.2 数据仓库的基本结构 ………………………………………………… 114
  - 8.2.1 源系统 …………………………………………………………… 115
  - 8.2.2 提取、转化和加载 ……………………………………………… 116
  - 8.2.3 中央存储库 ……………………………………………………… 116
  - 8.2.4 元数据存储库 …………………………………………………… 117
  - 8.2.5 数据集市 ………………………………………………………… 118
  - 8.2.6 操作反馈 ………………………………………………………… 118
  - 8.2.7 最终用户 ………………………………………………………… 118
- 8.3 OLAP 的适用领域 …………………………………………………… 120
  - 8.3.1 立方体中的内容 ………………………………………………… 121
  - 8.3.2 星形模式 ………………………………………………………… 127
  - 8.3.3 OLAP 和数据挖掘 ……………………………………………… 129
- 8.4 数据挖掘和数据仓库的联系 ………………………………………… 129
  - 8.4.1 大量数据 ………………………………………………………… 130
  - 8.4.2 一致、干净的数据 ……………………………………………… 131
  - 8.4.3 假设测试和测量 ………………………………………………… 131
  - 8.4.4 可升级硬件和 RDBMS 支持 …………………………………… 132
- 本章小结 …………………………………………………………………… 132
- 本章参考文献 ……………………………………………………………… 132

第 9 章 电子商务推荐系统 …………………………………………… 134

- 9.1 电子商务推荐系统简介 ……………………………………………… 134
  - 9.1.1 电子商务推荐系统的发展历程 ………………………………… 135
  - 9.1.2 电子商务推荐系统的定义 ……………………………………… 135
  - 9.1.3 电子商务推荐系统的组成 ……………………………………… 136
  - 9.1.4 电子商务推荐系统的作用 ……………………………………… 136

9.2 主流的推荐系统技术 ······ 137
9.2.1 基于内容的推荐技术 ······ 138
9.2.2 协同过滤技术 ······ 139
9.2.3 其他推荐技术 ······ 141
9.3 推荐系统案例——以途牛旅游网为例 ······ 142
9.3.1 数据准备 ······ 143
9.3.2 数据特点分析 ······ 144
9.3.3 基于主题序列的算法 ······ 146
9.3.4 结果展示及分析 ······ 150
本章小结 ······ 154
本章参考文献 ······ 155

第10章 电子商务攻击模型与检测技术 ······ 157
10.1 推荐系统 ······ 157
10.2 攻击检测 ······ 159
10.2.1 攻击目标和方式 ······ 159
10.2.2 推荐系统攻击检测 ······ 160
10.3 托攻击 ······ 161
10.3.1 托攻击模型及其分类 ······ 161
10.3.2 托攻击危害性的衡量指标 ······ 163
10.3.3 检测托攻击的特征指标 ······ 164
10.4 托攻击检测算法 ······ 166
10.4.1 监督学习 ······ 166
10.4.2 无监督学习 ······ 167
10.4.3 半监督学习 ······ 168
10.5 托攻击检测实验数据集与评价指标 ······ 169
10.5.1 电影评分数据集 ······ 169
10.5.2 Amazon 评论数据集和 Yelp 数据集 ······ 171
本章小结 ······ 172
本章参考文献 ······ 172

第11章 电子商务环境下的网格架构与动态联盟体系 174

11.1 基于网格服务的电子商务体系架构 174
- 11.1.1 网格的概念与特点 175
- 11.1.2 电子商务体系架构 175
- 11.1.3 网格体系结构 177
- 11.1.4 基于网格服务的电子商务信用评价 181

11.2 电子商务环境下的动态联盟体系 183
- 11.2.1 电子商务环境与企业动态联盟 183
- 11.2.2 电子商务环境下的动态联盟体系构建 184
- 11.2.3 电子商务环境下的动态联盟项目协同管理体系 187
- 11.2.4 支持动态联盟优化运行的关键技术——敏捷供应链 189

本章小结 191
本章参考文献 191

第1章

数据挖掘与电子商务的关系

在现实的商业世界中,具有商业思维的个体经营者会自然而然地学习与客户构建良好关系的方法。国内许多企业都在推行自己的忠诚度计划,比如京东的会员忠诚度计划将会员分为5个不同的等级,会员专属权益包括运费优惠、售后服务、装机服务、贵宾专线等,会员可根据不同等级的成长值获得不同的权益。随着时间的推移,这些企业越来越了解客户的习惯与喜好,这种了解也可以让企业更好地服务客户,提升客户满意度与忠诚度,使企业进入良性循环轨道。然而,当代巨型企业往往要服务数以万计的客户,无法深入地摸索、学习每一位客户的情况。因此,现代企业需要使用高效的手段建立与客户的联系。每次交易中产生的客户数据则是必须学习并加以利用的宝贵资源。本章将针对此目的,介绍将客户数据转化为客户知识的方法——数据挖掘技术。

1.1 客户关系管理

客户关系管理(customer relationship management,CRM)是一种企业与现有客户及潜在客户之间关系互动的管理系统。通过客户关系管理,企业可以评估每个客户的价值,哪些客户值得投资、哪些客户值得努力维护、哪些客户该舍弃就变得一目了然。利用数据挖掘提高客户关系管理,增进企业与客户之间的关系,从而最大化增加企业销售收入和提高客户留存量是本书的目的之一。

各行各业中的不同企业都在尽可能多地了解每个客户:企业希望利用这种了解使客户更倾向于接受他们的服务,而非转向竞争对手的怀抱。通过评估每个客户的价值,企业可以评估哪些客户值得开发、哪些客户值得坚持维护、哪些客户应当放弃。实现这种从大类市场到单个客户关注点的转变需要整个企业管理模式的改变,同时在企业营销、销售和客户支持等各个方面更是如此。企业应当改变过去以产品为中心的业务模型,转而拥抱以客户为中心的业务思维。要将一个以产品为中心的商业模型转变为一个以客户为中心的商业模型,所需要的可能远不止数据挖掘这一项技术。对大多数公司来说,围绕客户关系建立业务,将是一个革命性的变化和挑战。

狭义地说,数据挖掘是工具和技术的结合体[1]。它服务于以客户为中心的商业模型,为客户导向型企业提供技术支持。广义地说,数据挖掘是一种理念,即业务行为应该基于学习,知情决策优于不知情决策,以及评估绩效对业务有益。同样,数据挖掘也是一项工具。为充分利用数据挖掘的优势,还必须满足分析型CRM 的其他需求[2]。简单来说,为建立面向客户的学习模式,企业必须:

- 观察客户行为;
- 记录企业行为;
- 从数据记录中学习;
- 学以致用并及时反馈。

尽管本书的重点是第三个要点——从数据记录中学习,但学习不是无根据的,必须要有事务处理系统来捕获客户交互,还要有数据库来存储历史客户行为信息。数据挖掘是分析过去并指导未来的一门技术,不仅需要数据记录、储存技术,也需要学习并将结论付诸实践。

1.1.1 交互处理系统的作用

在过去,小微型企业可以通过关注客户需求、记录客户的偏好、从过去的互动中学习如何在未来更好地为客户服务,进而促进客户关系。但大型企业拥有众多客户,难以进行一对一的人工调查,他们应当如何做到类似的事情呢?现实情况是,即使客户可以与服务人员交流,他们也很可能在每次拨打电话时被分配到不同的销售人员或呼叫中心员工。那么,大型企业如何能够从服务的过程中提取有效信息,并加以学习呢?有什么知识可以取代,甚至超越经验主义的直觉和人的经验累积呢?

上述这些问题在今天都可以通过信息技术的应用来解决,使得不同规模的企业都能够高效、迅速地接近并了解客户。事实上,在大型企业中,如何对客户行为、喜好进行记录,并有针对性地进行反馈,已在很大程度上实现了自动化。遍布各处的交互处理系统,几乎完整、无损地收集了所有数据。自动柜员机、电话交换机、网络生成的记录服务器、销售点扫描器等都为数据挖掘提供了无穷无尽的数据。

信息社会的生活每一步都伴随着信息的产生。生活中不断产生的交易记录、浏览网页信息的记录等都可能伴随着信息数据的产生。当用户从淘宝订购一件商品时,会生成一份具体的交易记录,记录该用户的下单时间,并与收件人的名称、地址等其他记录相结合,以生成完整包裹信息。在几个小时内,该用户的订单还会在计算机系统中生成交易记录,在仓库和该用户的收货地址之间扫描十几次,让该用户可以查询物流信息,跟踪订单进度。这些交易记录最初并非专为数据挖掘的目的产生和留存,它们存在的意义只是单纯地为了满足公司的运营需求。然而,这些交易记录包含了有关客户的各类信息,所以这些交易记录不仅是有价值的、有意义的,也是都可以被成功地挖掘出来的。网络超市利用销售数据来决定为哪些顾客提供什么样的优惠券。网络零售平台则直接使用客户购物记录、客户浏览记录来决定当客户刷新页面推荐时应该显示什么内容。这些应用系统为企业提供了客户信息、客户喜好,也为企业提供了客户可能会接受的新的服务方案。因此,数据挖掘技术不仅为企业提供了接触客户的嗅觉终端,也为企业提供了留住客户、提升客户体验的操作机会。

1.1.2 数据库的作用

客户交互的每一条记录,包括每个客户服务对话、每个订单、每次网站终端浏览记录等,都是以客户为中心的企业了解现有客户或潜在客户的一个途径。但是该学习程序是一件复杂的工作,收集数据只是其中的一个环节。为了便于学习,我们首先必须收集许多不同来源的数据,包括账单记录、注册表单、呼叫记录、优惠券领取记录、调查数据等。这些数据需要采用前后一致、固定统一的方式进行组织,这其中使用到的技术就是数据库技术。数据库技术是信息系统的一个核心技术,是一种计算机辅助管理数据的方法,它研究如何组织并存储数据,如何高效地获取并处理数据。数据库技术使企业能够记住关于客户的重要关注内容。随着时间的推移,数据不断积累,数据分析可以让客户模式变得越来越清晰。数据库需要准确存储过往的历史数据,以便数据挖掘能够捕捉一些关键趋势。

数据库技术对于客户服务能力来说,最重要的是其具备跟踪客户行为的能力。客户关系管理的诸多现象、特征,都只有随时间的推移才变得越发明显。比如,优惠券使用量是上升还是下降?客户多久返回一次?客户喜欢哪种渠道?客户会对哪些促销活动做出响应?当一家大型超市首次开始在其后台系统中保存超过一年的历史记录以及消费者反馈时,该超市才可能从这些数据中学习,从而尝试采取相应的针对性措施,提升效益。保留历史客户行为数据的重要性也就不言而喻了。

专业的数据库技术提供了一种从流水数据中收集信息的方式,其格式要比存储于本地化的终端高效许多。在理想情况下,数据库中的数据有许多来源,它们以各种方式被收集、清理、合并、绑定到特定客户,并最终汇总于数据库中。虽然在现实条件下,由于技术、资金等条件的制约,获取的数据库往往达不到最优理想效果,但企业数据库仍然是客户关系管理中最重要的数据来源之一。

1.1.3　数据挖掘的作用

数据库技术为企业提供数据存放、整理的手段。然而,如果不能智能化地运用这些数据,数据信息就毫无用处。智能技术允许我们梳理数据信息、设计商业规则、激发商业创新点、找寻确切问题、对未来做出预测。本书描述了将智能化数据分析运用到数据库的方法以及案例,这有助于从现有客户和潜在客户交互产生的海量数据中更好地了解他们。

哪个客户黏性高?谁可能弃用服务?某个产品应该推销给哪些人?营销资源如何实现精准投放?下一个业务增长点应该在哪里?客户最可能接受的价格是多少?如何将产品或服务匹配到最合适的人群?这些问题的答案,都隐藏在企业的数据中。要读懂并运用这些数据,需要强大的数据挖掘工具。

数据挖掘的核心思想是:过去的数据包含对未来有用的信息。它之所以有效,是因为企业数据中捕获的客户行为不是随机的,其反映了客户的不同需求、偏好、倾向和处理方式。数据挖掘的目标是在历史数据中找到能够揭示这些需求、偏好和倾向的模式。模式并不总是很清晰可辨,客户的动作以及行为又很杂乱,这使将不同行为条理化变得很困难。从噪音中分离信号——识别看似是随机变化下的基本模式——是数据挖掘的重要作用。

本书涵盖了具有代表性的数据挖掘技术,并探讨了每种技术在客户关系管理背景下的优缺点。

1.1.4　客户关系管理策略

数据挖掘的有效性基于如下的背景:企业组织会根据其数据分析结论来改变或修正企业行为。数据挖掘应该嵌入企业客户关系策略中,该策略应当具备一种反馈机制,即通过数据挖掘了解客户需求与业务可改进之处后,迅速采取有针对性的行动。当识别出低价值客户时,如何对待他们?是否有适当的程序来刺激他们的消费以增加他们的价值?还是降低服务成本更有意义?如果一些渠道不断地带来更多的盈利客户,那么资源如何才能转移到这些渠道?这些问题都需要在一个具有学习-响应机制的系统中得到答案。

1.2 数据挖掘的定义

数据仓库、BI 和分析技术[3]在 1980 年代末和 1990 年代初开始出现,这些技术的出现大大地提高了人们创建和收集海量数据的能力。1995 年,第一届知识发现和数据挖掘国际会议在蒙特利尔举行,"数据挖掘"这个术语开始登上历史舞台。

数据挖掘是为了发现有意义的模式和规则而对大量数据进行的探索和分析。数据挖掘技术和工具使企业能够预测未来趋势并做出更明智的业务决策。数据挖掘本身融合了统计学、数据库和机器学习等学科。本节主要讨论使用数据挖掘使企业通过更好地了解客户来改进其市场营销和客户支持操作方式。但数据挖掘技术和工具的适用性远不止于此,它同样也被应用于天文学、医学和工业过程控制等多个领域。

目前的数据挖掘技术常常被分为两种——有监督学习和无监督学习(supervised and unsupervised learning)。有监督学习从有标记的训练数据中推导出预测函数。有标记的训练数据是指每个训练实例都包括输入和其预期输出。无监督学习是另一种机器学习方法,其从未标记的输入数据中推断出隐藏的模式或数据分组。这两种方式都将在后面的章节中详细讨论。

数据挖掘的主要过程如图 1.1 所示,其中的核心步骤是模型构建。数据挖掘模型从挖掘结构中获取数据,然后使用数据挖掘算法分析这些数据,其中挖掘结构和挖掘模型是单独的对象,挖掘结构存储定义数据源的信息,挖掘模型存储通过数据的统计处理而得到的信息,如发现的模式,即分析结果。这个模型可以将输入集合(通常以公司数据库中字段的形式)连接到特定目标或结果。本书中,我们将在后续章节详细介绍统计回归、神经网络、决策树等常用于创建模型的技术。

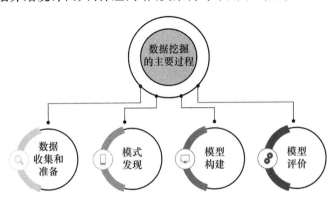

图 1.1 数据挖掘的主要过程

数据挖掘过程有时被看作从数据中发现知识（knowledge discovery from data，KDD）过程中的一个步骤，这是一种用于收集、处理和分析数据的科学方法。数据挖掘和 KDD 有时可以互换使用，但它们通常被视为不同的事物。本书中我们更愿意把数据挖掘定义为知识创造的过程。

1.3 数据挖掘的功能

商业市场的全部需求可以用数据挖掘中的以下 5 个任务来概括：
- 分类（classification）；
- 预测（predication）；
- 关联规则（association rules）；
- 聚类（clustering）；
- 定性分析（profiling）。

分类和预测的主要目标是确定特定目标变量的值；关联规则和聚类属于无监督学习，其目标是在不考虑特定目标变量的情况下发现数据中的结构；定性分析是一种描述性任务，可以是有监督的，也可以是无监督的。

1.3.1 分类

分类是最常见的数据挖掘任务之一，可以通过建模预测样本所属的类型，其目的是通过对样本特征的衡量将它归入正确的类别。分类预测建模是逼近从输入变量到离散输出变量的映射函数的任务。例如，电子邮件服务提供商中的垃圾邮件检测可以被识别为分类问题。这是一个二元分类问题，因为分类的类别只存在是垃圾邮件和不是垃圾邮件两种情况。因为分类器利用一些训练数据来理解给定的输入变量与相应类别的关系，所以训练模型必须提供已知的垃圾邮件和非垃圾邮件作为训练数据。分类器在被准确地训练且通过模型评估后，则可以用来检测未知的电子邮件。分类属于监督学习的范畴，其中训练集要求包括输入与输出，也可以说是特征与目标。分类在信用审批、医疗诊断、目标营销等诸多领域都有很多应用。

在所有这些示例中，类别的数量都是有限的，我们希望能够将任何记录分配给其中的一个。决策树分析（第 5 章）是非常适合分类的技术。生存分析（第 6 章）和人工神经网络（第 7 章）在某些情况下对分类也是有用的。

1.3.2 预测

预测分析的目标是基于历史数据和分析技术对未来的结果做出预测。预测分析使用各种统计方法来了解未来发生的事情。商务营销的每一个决定都涉及我们对需求和趋势的预测。面对季节的变化、需求水平的波动、竞争的降价策略、经济的大幅波动等,准确的预测可以帮助人们解决其带来的问题。大多数可用于分类的技术在给定训练数据的情况下都可用于预测。首先通过训练数据建立模型,并解释当前数据中观察到的行为,经过调试和评估的模型可被应用于新的输入数据,并对未来的行为进行预测。

为了应对商务营销预测问题的日益多样化和复杂化,近年来人们在数据挖掘与机器学习领域开发了许多新型的预测技术,这些不同类别的技术适用于不同的场景。

在训练数据符合要求的情况下,本书中讨论的大多数数据挖掘技术都适用于预测。而技术的选择取决于输入数据的性质、预测值的类型及其对预测的解释能力。

1.3.3 关联规则

关联规则[4]是一种基于规则的数据挖掘方法,常被用于发现数据中变量之间的有趣关系,它旨在使用不同的度量来识别在数据库中发现的强规则。在各种项目的不同事务中,关联规则旨在发现并确定这些项目是如何连接的。在生活中,我们常见的关联规则的例子是确定超市的哪些商品放到一起。零售连锁店可以使用关联规则来安排商店货架上或目录中商品的排列方式,这样人们经常一起购买的商品就会被一起看到。

关联规则同样可被用于识别交叉销售机会,以及设计有吸引力的套装产品和服务。关联规则是一种从数据生成规则的简单方法[5]。如果猫粮和猫砂这两种东西经常一起出现,我们可以产生两个关联规则:
- 买猫粮的人也买猫砂的概率为 P_1。
- 买猫砂的人也买猫粮的概率为 P_2。

1.3.4 聚类

聚类是对一组对象进行分组的任务,将物理或抽象对象的集合分成由类似的对象组成的多个类的过程被称为聚类。它是探索性数据分析的主要任务,也是统计数据分析的常用技术,可用于许多领域,包括模式识别、图像分析、信息检索、生物信息学、数据压缩、计算机图形和机器学习等。聚类与前文介绍的分类之间最大的区别在于类别是否已知。分类是根据数据的特征将其划分到已知的类别,比如对动物图片进行分类,提取图片的特征,然后根据提取的特征将其划分到对应的动物类别,属于有监督学习。聚类则是未知的类别,同样是提取数据的特征,然后将特征相似的聚成一类,从而聚成几个类别,属于无监督学习。

聚类常常作为数据挖掘或建模的前提。例如,市场细分的第一步是需要将客户群划分为多个有不同购买习惯的人群,聚类方法则是为了解决这一问题,在此基础上我们才可以讨论针对不同的客户群体,构建不同的销售策略。本书将在第4章详细讨论聚类方法。

1.3.5 定性分析

在有些情况下,数据挖掘可能只是用于厘清在纷繁复杂的数据记载中,到底蕴含着何种规律。感知数据背后的现实故事,将极大地帮助我们理解数据背后的消费者或客户与产品和企业互动的过程。对一件事物的定性描述,往往已经足够让我们对整个事情进行解释了。举一个简单的例子,美国两党政治中有一个著名的倾向,那就是"女性更倾向于支持民主党,而男性更倾向于支持共和党"。仅是这样一个简单的描述,就足以引起社会学家、经济学家、政治学家各种各样的兴趣和遐想了,更不用说政客们早已经雇用了大批顾问,根据选民的种族、年龄、阶层划分进行精细化的形象营造。比如,决策树分析是一种强有力的分类工具,可以用来对不同的数据进行区分和定性。而关联分析和聚类分析技术也可以被应用于对庞杂的数据进行分门别类的处理和分类。

1.4 数据挖掘的发展契机

本书中描述的大多数数据挖掘技术的起源最早可以追溯到几十年前。然而直到最近几年商业数据挖掘才开始流行起来。这主要可以归结为以下几个因素:
- 数据大量产生;
- 数据库技术;
- 电子计算机运算能力提高;
- 数据重要程度上升;
- 信息成为一种商品。

1.4.1 数据大量产生

数据挖掘这一环节只有当大量数据存在时才有意义。在现实应用中,大多数数据挖掘算法都需要大量的数据来构建和训练模型,然后才能将这些模型用于执行分类、预测、估计或其他数据挖掘任务。

在过去,很多电信公司都倾向于采用电子化的服务方式为客户提供个性化定制服务,提供个性化定制服务的流程也伴随着数据的不断产生,但数据的存在并不广泛,很多商业过程并不按照标准流程进行,因此没有数据化的空间,直到移动互联网时代到来,日常生活的自动化才变得如此普遍。现在,网上购物、电子资金转账、自动订单处理、电子商务处理等的兴起制造了大量的可记录、可标准化的优质数据,这种趋势的不断加强意味着数据正在以前所未有的速度产生。

1.4.2 数据库技术

现在,大量的数据正在源源不断地产生,而且数据记录与存储越来越成为一个公认的必要环节。数据库系统可以频繁地从运营账单、预订、索赔处理和订单输入系统中提取各个环节的信息,在这些系统中整理生成数据,然后将其送入数据库,使其成为公司数据资产的一部分。

数据库将来自许多不同数据源的数据组合在一起,并以一种通用格式进行保存,确保变量类型、存储格式等特征具有一致性和通用性。数据库技术让数据的写入、分析过程拥有了专门的操作工具,极大地简便化、标准化了数据取用流程。在以数据挖掘为主导的前提下,数据库应该专门为决策支持而设计,这样可以方便数据分析人员更迅速、更简便地分析数据背后的规律。

1.4.3 电子计算机运算能力提高

数据挖掘算法通常需要对大量数据进行多次传递,很多都是计算密集型的。磁盘和I/O带宽等的价格持续急剧下降,这使得以前只在少数政府资助的实验室中使用的昂贵技术得以进入普通企业,从而大大地扩展了数据分析技术的应用范围。

1.4.4 数据重要程度上升

在当今的商业社会,越来越多的公司已经意识到客户是业务的中心,客户信息是他们的关键资产之一,数据的重要性超出了历史上任何一个时期。目前,很多互联网公司的核心竞争力并不是他们的商业模式或投资者支持,而是他们独有的算法代码和独占的数据资源。例如,抖音、快手等网络短视频媒体的推荐算法就是基于以数据挖掘和数据分析为导向的思维形成了独有竞争优势。

1.4.5 信息成为一种商品

许多公司发现他们拥有的关于客户的信息不仅对自己有价值,对其他人也有价值。线上超市可以通过为客户量身定制优惠券来吸引更多客户购物消费,同时也可以用自身流量为自身在供应链体系中争取更多的优惠条件。信用卡公司可以向某航空公司收取费用,为那些经常旅行但乘坐其他航空公司航班的人提供一次常客优惠。搜索引擎知道人们在网上寻找什么,也了解什么信息是有价值的,什么信息是没有价值的。某些保险公司支付费用以确保在网站上搜索"汽车保险"的人会看到他们网站的链接。当有人搜索"小微贷款"等金融服务词语时,金融服务机构会通过向搜索引擎付广告费获取更高的推荐排名。在信息社会,数据和流量本身就是一种商品,任何一家收集有价值数据的公司都有可能成为信息的中间人。

1.5 数据挖掘的使用场景

本节简要介绍了一些数据挖掘的有趣应用,旨在展示本书中讨论的数据挖掘技术的广泛适用性。

1.5.1 超市成为信息中间商

销售点扫描仪可以记录每一件顾客购买的商品,会员卡程序可以将顾客购买的商品与顾客信息产生联系,超市则可以凭借这些挖掘到顾客的全方面购物信息。

超市通过提供折扣,大大地提高了顾客在购物时使用会员卡的积极性。为了获得会员卡,消费者需要填写家庭住址等个人信息,而这些信息则为客户行为分析提供了很好的数据支持。在获得会员卡后,每当购物者使用会员卡时,交易历史就会在相应的数据库中得到更新。每次去商店购物,或在网购平台使用同样的账号下单,购物者都会向零售商传递更多关于自己的信息。商品零售商不仅可以使用推荐算法向客户推送其更容易购买的商品,提高销售额,还可以利用关联分组技术,通过全部客户的购物习惯学习哪些商品一起售卖卖得好,哪些商品应该被捆绑起来成套销售。

1.5.2 基于推荐的业务

外卖网站推荐平台作为流量分发的中枢,连接着用户(流量)、商家(供给)和平台本身。对于消费者,外卖网站可以提供良好的购买以及就餐体验,并可以优化整个链路的效率;对于商家,外卖网站则要带来精准的流量和订单量的提升,并提升商家的曝光率,帮助商家在平台上成长;对于外卖平台自身而言,平台价值的核心是提供流量变现、交易价值以及建设健康的流量生态。外卖平台的核心流量分发入口是搜索推荐,场景覆盖90%以上的用户。这些流量的来源平台多样,有饿了么、美团等,且平台的类目丰富,除了美食还有商超、鲜花、生鲜、医药等。

随着时间的推移,外卖平台会越来越精准地跟踪每个客户实际消费的订单变化、口味变化,以及支出变化,并更新其客户资料。客户可以浏览他们过去的购买情况,客户在网站上购买的所有外卖都记录在已购订单里。客户还可以随时评价他们过去的订单,为推荐系统提供更多反馈。通过这些评价,外卖平台可以为消费者提供更加契合口味和满足需要的餐饮服务,从而与客户建立忠诚的客户关系。

1.5.3 交叉销售

以商业保险推销为例,目前商业保险推销算法已经非常成熟,保险公司正在改变过去通过熟人网络进行传播和推销的机制,他们可以通过数据挖掘等方法,基于信息属性进行营销,使得越来越多的人被他们的保险计划所吸引,从而最终决定投保。相应地,保险公司保留其客户的详细记录,并使用数据挖掘来预测客户在产品周期中的阶段以及他们可能需要的产品。

客户关系管理的核心原则在于,"钱包份额"或"客户份额"比"市场份额"对公司或企业的长远发展和业务量健康成长更有利。换句话说,企业应当专注于提升客户黏性、客户忠诚度,增加客户价值,而不是只盯着市场份额的多寡增减。从金融服务业到重型装备制造业,创新型公司都在运用数据挖掘技术来增加每个客户带来的价值。

1.5.4 筛选客户

数据挖掘可被用于客户关系维持的方方面面。首先,数据挖掘可以帮助企业发现提升客户黏性的手段。当今社会各类服务与产品琳琅满目,除了供水、电力等基础设施服务难以自由选择外，大多数服务门类都有丰富的供应商可供选择。消费者可以较低的成本自由地更换供应商，且竞争激烈的一些企业都渴望引诱客户离开其原服务商。银行业称这种现象为客户减员，移动通信公司称之为客户流失，无论术语如何，客户的流失对于公司来说都是一个大问题。通过提前掌握谁是潜在流失客户，弄清楚为什么可能会失去这些客户，就可以对这些客户有针对性地制订一个客户保留计划。在成熟的市场中，发展新客户往往比保留原有的客户成本更高，然而，为保留原有客户而为其提供的激励措施通常也是非常昂贵的。数据挖掘可以被用来确定以下客户类型：哪些客户应该获得激励，哪些客户在没有激励的情况下也不会离开，以及哪些客户不应当被挽留。

特别值得注意的是，与吸引客户相反，有时企业也要懂得放弃一些难以留下的客户。在许多行业中，一些客户的维持成本高于其产生的价值。这些人可能会消耗大量的客户支持资源却不会购买太多产品。数据挖掘技术不仅可以被用于发现最有价值的客户，或发现新客户，也可以被用于挑选那些不值得企业花费大量资源去维护的客户，去找到那些不应当获得优惠券的客户，比如说那些打车排队在最后一位的人，以及那些在服务热线中没有被放在首位的人。

本章小结

数据挖掘技术可以被广泛应用于企业客户关系管理决策的各个环节。分析客户关系、提升客户忠诚度的核心原则是建立一种企业熟悉客户喜好与习惯、熟知用户需求的亲密关系。企业为客户提供服务的过程会产生大量数据，涉及交易的全过程，如购买频率、好评倾向等信息。这些信息都会被后台终端收集、整理、上传，并最终被存储在实体或云端的数据库中。公司投入巨量资金构建或购买数据存储系统，记录着客户信息的数据库则是公司最为重要的核心资产之一。通过数据挖掘技术，可以使用先进的大数据手段分析历史数据，来帮助企业了解客户需求，感知客户信息，从而辅助企业进行商业决策，或者为客户提供更加贴近自身需求与实际的服务内容。本章介绍了数据挖掘的几个应用案例，如客户筛选、交叉销售、信息中介等。

如果将数据挖掘技术从复杂的商业应用中抽离出来，并对其定义进行一般化处理，我们可以发现，数据挖掘的本质就是一个在巨量数据中筛选、查找具有价值的信息的过程。本章简要地介绍了数据挖掘技术常见的几个任务。本书在剩余的篇幅中也将围绕着这几个任务展开介绍数据挖掘技术及其算法运用，以及更加具体的商业化数据挖掘案例。

本章参考文献

[1] CHEN M S, HAN J, YU P S. Data mining: an overview from a database perspective[J]. IEEE Transactions on Knowledge and Data Engineering, 1996, 8(6): 866-883.

[2] HAND D J. Principles of data mining[J]. Drug Safety, 2007, 30(7): 621-622.

[3] GUPTA G K. Introduction to data mining with case studies[M]. PHI Learning Pvt. Ltd., 2014.

[4] 王光宏, 蒋平. 数据挖掘综述[J]. 同济大学学报(自然科学版), 2004, 32(2): 246-252.

[5] HAHSLER M, GRÜN B, HORNIK K. A computational environment for mining association rules and frequent item sets[J]. Journal of Statistical Software, 2005, 14(15): 1-25.

第 2 章
数据挖掘方法简介

数据挖掘是一种学习过去以便在未来可以做出更好决策的方法。随着数据挖掘方法的复杂化，人们对数据挖掘方法的严格性要求也在增加。数据挖掘方法的目的是构建一个稳定可靠的模型，进而成功解决实际问题。

数据挖掘方法旨在避免学习不正确的事物和学习无用的事物。一方面，在数据挖掘过程中，学习不正确的事物比学习无用的事物更加有害[1]。因为重要的商业决策可能就是基于这种虚假的信息而决定的，其数据可能就是错的或者与当前问题毫无关联。通过数据挖掘构建的模型可能会反映过去的商业决策，当然也可能无法进行决策。另一方面，相较于学习不正确的事物，学习无用事物的情况更常见，虽然数据合理准确，但是可能会让数据挖掘工作不可行，这种无用的学习会导致数据挖掘工作失效。

因此，数据挖掘工作已经被视作一个技术过程，这主要包括假设检验、分析和预测建模。为了评估模型的稳定性和有效性，需在营销活动之前进行必要性的测试和检验。

本章将从较简单的数据挖掘方法出发，比如使用特定查询来检验假设，并逐渐给出更加复杂的方法，比如构建精准的预测模型，最后，给出数据挖掘方法的具体步骤。

2.1 模型假设检验及分析与预测

2.1.1 假设检验

假设检验是将数据融入公司决策过程中的最简单方法之一。假设检验的目的是证实或者反驳先入为主的观念,它是所有数据挖掘工作的一部分。数据挖掘的过程经常是各种方法之间的相互转换,首先思考对观察到的商务行为进行的可能解释,并通过一些假设决定要分析的数据,然后从数据中提出新的假设来进行检验。

假设检验是统计学中常用的统计方法。假设是一个提出的命题,其有效性可以通过分析数据来检验。这些数据可以简单地通过观察收集或通过实验产生。当假设检验表明公司在市场中的行为不正确时,假设检验最有价值。例如,公司发布广告是基于关于产品或服务的目标市场以及相应属性进行假设的,这些假设是否得到了实际的证实值得检验。一种方法是记录不同的广告中不同的呼叫号码,然后可以将通话过程中收集的信息与广告旨在针对的人群的特征进行比较。就其性质而言,假设检验是临时性的,但是,对于这个过程中存在的一些可识别的步骤,其中最重要的步骤是能够提出好的假设来进行检验。

提出假设的关键是从整个数据库中得到多样化的输入,并且在适当的时候增加外部输入。通常提出假设的流程所需的一切都是对问题本身的清晰陈述,特别是如果它以前没有被当作问题看待,也就是当用于评估组织绩效的指标并未捕获这些问题而使得问题无法被识别时,这更加需要进行深入的分析并进行详尽的陈述。

提出的假设必须允许它们可以在真实数据上进行测试。在所有情况下,必须进行谨慎的批判性思考,以确保结果不会以意想不到的方式产生偏差。正确评估数据挖掘结果需要有分析能力和业务知识储备,如果不能同时具备这些条件,则需要通过跨职能部门合作才能充分利用新信息进行检验假设。

2.1.2 模型分析与预测

假设检验肯定是有用的,但在某些场合中它未必适用。因此,构建基于数据驱动的模型,设计数据挖掘技术来学习新事物,是非常有必要的。普遍来说,模型是对某些东西如何运作的解释或描述,它足以反映现实,可以用来推断现实世界。

数据挖掘是需要构建模型的。如图 2.1 所示,模型采用一组输入并产生输出。用于创建模型的数据称为模型集。模型集有 3 个部分:

- 训练集用于构建一组模型。
- 验证集用于选择最佳模型。
- 测试集用于确定模型在未知数据上的运行方式。

常见的模型可分为如下 3 类:描述性模型、定向分析模型和预测模型。描述性模型描述数据中的内容,其输出可以是一个或多个图表或数字,用于解释正在发生的事情。假设检验通常会得到描述性模型。定向分析模型和预测模型在构建模型

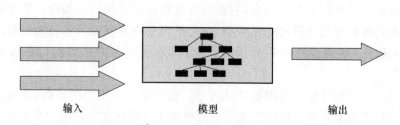

图 2.1 模型接收输入并产生输出

时都有一个确定的目标。它们之间的区别在于时间框架,如图 2.2 所示。在定向分析模型中,目标与输入的时间范围相同。在预测模型中,目标是一个未来的时间范围。预测意味着从某一时期中找到能够解释后期结果的数据模式。强调定向分析和预测之间区别的原因在于这对建模方法有影响,尤其是在创建模型集时对时间的处理。

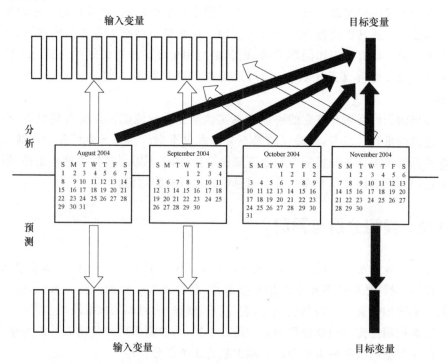

图 2.2 定向分析和预测仅在输入和目标变量的时间范围上有所不同

定向分析是解决许多问题的常见方法,它不涉及任何复杂的数据分析,通常基于人口统计学变量,例如地理位置、性别和年龄。定向分析是利用过去的数据来描述过去发生的事情的方法。而预测则更进了一步,预测是利用过去的数据来预测未来可能发生的事情的方法。

建立预测模型需要预测模型输入与模型输出之间的时间间隔。如果不具有这种时间间隔,模型将不起作用。因此,构建合理的数据挖掘方法是不可或缺的。

2.2 数据挖掘步骤简介

数据挖掘方法有 11 个步骤,具体包括:①将商业问题转换为数据挖掘问题;②选择合适的数据;③了解数据;④创建模型集;⑤解决数据中的问题;⑥转换数据;⑦建立模型;⑧评估模型;⑨部署模型;⑩评估结果;⑪重新开始。

从图 2.3 中可以看出,数据挖掘过程是一组嵌套循环的过程,而不是简单的线性传递过程。这些步骤虽然有一个自然的顺序,但是在进入下一步之前,没有必要完全完成上一个步骤。在执行后面的步骤时输出的内容需要我们重新应用先前的步骤。

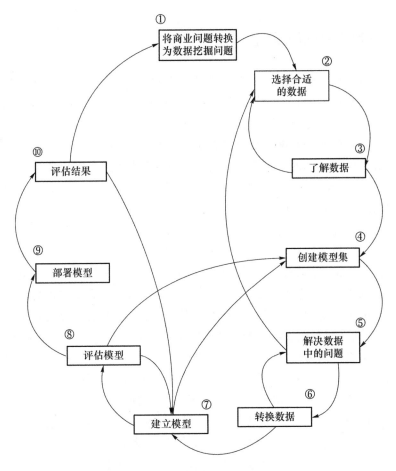

图 2.3 数据挖掘过程示意图

2.2.1 将商业问题转换为数据挖掘问题

将商业问题转换为数据挖掘问题,应该表述为6种具体的数据挖掘任务之一:分类、估计、预测、关联规则、聚类、描述和建立简档。分类、估计、预测是定向数据挖掘的示例,关联规则、聚类是非定向数据挖掘的示例[2]。在机器学习中,定向数据挖掘指的是有监督学习,非定向数据挖掘指的是无监督学习。通常,数据挖掘工作主要是确保商业问题的陈述可以顺利描述为数据挖掘问题,然后将数据挖掘问题表现为一个技术性的问题,即找到一种模型来解释目标变量到输入变量之间的关系。首先需要确定一个精确的目标变量,然后考虑进行数据挖掘之后如何应用数据挖掘的结果以及如何描述数据挖掘的结果。这些都是数据挖掘问题转换中必不可少的步骤。

2.2.2 选择合适的数据

数据挖掘过程中的数据是必不可少的。通常来说,我们所需的数据最初保存在一个企业的数据库中,经过数据的清理,数据变得可用。事实上,根据问题和行业的不同,有意义的和可用的数据源也是不同的。

如果将商业问题的数据挖掘进行模型化转换,就可以构造一个拥有最新数据的数据列表。对于具体的一名客户来说,需要包括从他成为客户的那一刻起的数据,即描述他当前状态的数据,以及客户保有期内积聚的行为数据。在很多情况下,一个数据挖掘项目的开启并不能确定某一个特定的商业问题。公司意识到从收集的数据中不能得到很高价值的数据,开始思考通过数据挖掘是否会使数据更有价值。这类项目成功的秘诀在于把它转换为一项为解决特定问题而设计的项目。第一步是探索可用的数据,写出候选商业问题列表,邀请商业用户创造一个非常长的待选列表,然后将其简化成少数可以达到的目标,即数据挖掘的问题。

哪些数据是有用的数据呢?在搜集数据时,我们首先想到的是公司的数据仓库,公司的数据仓库存储着历史数据,新数据通过增补加入数据仓库中,但历史数据一直保持不变。因为数据仓库为决策提供支持,所以它能为数据挖掘提供详细具体的数据。目前这方面存在的唯一的一个问题是,在很多的公司中,像这样的数据仓库实际上并不存在,或者说存在一个或多个数据仓库但未达到要求[3]。鉴于这种情况,数据挖掘的从业者必须从多个部门、从业务系统内部的数据库中寻找数据。在很多的公司中,决定哪些数据适用是一件极为困难的事情。档案文件经常丢失或者过期,但通常也没有人能够决定哪些数据是适用的,这时候需要查阅数据字典,采访使用者和数据库管理者,以及不断检查现有报告。

多少数据才够用呢？这个问题并没有一个确定的答案，它主要是由所使用的具体算法、数据复杂程度等来决定的。统计学家已经花费数年时间开发测试手段，以确定产生模型的最小模型集。机器学习研究人员花费很多时间和精力设计方法，使得训练集的一部分可以用于验证和测试。所有这些工作都忽略了重要的一点：在商业界的统计学家很少，而数据又是很多的。如果数据集过小的话，数据挖掘方法的有效性将会很差，同时也会导致数据挖掘方法失效。因此，我们推荐使用足够多的数据，使得不会出现"多么大的样本数据集规模才是足够大的"这个问题。如果没有几百万的预分类的数据记录，我们通常用几万数据来开始研究，以此保证训练、确认和设备测试每个环节都有几千条记录。

在数据挖掘中，数据越多越好，但是有几条注意事项。第一点是模型大小和其密度的关系。通常，目标变量代表相对稀有的事情。在创建模型的过程中，最好使每个模型集的各个输出变量的数量大致相同。一个较小的均衡样本比含有稀有输出比例极低的较大样本更可取。第二点是数据挖掘人员的时间问题。当一个模型集足够大，大到能够建出稳定的好模型时，继续使其扩充就会带来反作用。因为要想继续一个大型的数据集，每一个细节都会花费更多的时间与精力。然而数据挖掘是一个反复迭代的过程，如果每一个模型的运转都需要几个小时的话，那么等待结果的时间就十分漫长了。有一个测试模型样本是否足够大的简单方法，就是尝试着把该模型放大两倍，然后检测模型精确度的提高状况。如果用更大样本的模型能够比之前的模型拥有更好的效果，就说明该模型还是不够大。如果效果没有提升，或者只是提升了一点点，那么初始样本就足够大了。

数据挖掘是使用过去的数据来对未来做一定的预判。但是我们用多久以前的数据比较合理呢？这是另一个没有具体答案的问题。一方面我们需要考虑的是季节性因素；另一方面太过久远的数据对于数据挖掘并没有什么用处，对于许多以客户为中心的应用程序，2～3年以前的历史数据是合适的。

在数据挖掘过程中应该设置多少变量呢？缺乏经验的数据挖掘者有时候会设置一些没有用的变量，或者只寻找认为重要的变量内容。通常情况下，过去被忽略的很多变量在和其他变量组合时，都被证明其有着潜在的价值。一个优秀的模型通常是基于很少的变量的。但是这些变量实际上是其余几个量的组合，并且在模型运行结束时才会显示出其重要作用。

数据必须包括哪些要素呢？数据至少要包含各种有可能出现的有意义的结果。定向数据挖掘的目标是预测特定目标变量的价值，这对我们设计一个含有分类数据的模型集是十分重要的。为了把可能贷款违约的人区分出来，我们需要每个等级的几千条例子来建立分类模型。这样当一个新的贷款申请者出现时，他的申请内容就可以与过去的客户进行对比，对比的方法可以是直接地进行基于记忆的推理，也可以间接地通过历史数据的规律或类神经网络图分析。如果一个申请人的资料和过去违约者的信息很相似,那么他将会被拒绝贷款。这种方法所暗含的前提是我们可以知道之前申请者的信息。从错误中我们便可以吸取教训,所以一定要保留这些有用的数据。

2.2.3 了解数据

在构建模型之前,我们需要花费大量的时间来挖掘数据的重要性。这确实是极其重要的。一名优秀的数据挖掘从业者似乎十分依赖他的直觉,比如有些时候他能猜测出哪些派生变量是有价值的。对于一个陌生的数据集,需要谨慎认真地分析其内在机理,这样可以发现许多数据所存在的质量问题,并能够提出一些独特的问题。

检查数据的分布情况是至关重要的一步,检查数据分布的第一个步骤最好是检测资料组中每一个变量的直方图,并且思考它表达的信息是什么。如果模型中有性别变量,那么男性和女性的数量相近吗?如果不相近,是否在预期之内呢?我们要尽量关注每一个变量的范围。那些本应被考虑而没有计算的变量是否带来了不利的影响呢?最高和最低价值是合理的取值吗?平均值和中位数差距很大吗?有多少之前没有考虑的价值呢?变量计数是否随着时间的推移而保持一致?当通过新的渠道获得一个数据文件时,最好马上对数据进行分析,从而清楚接下来的步骤,包括总结每个领域的统计数据、整理分类变量所表现出来的明显价值信息以及按产品和地区分类后的交叉列表所表现恰当的地方。除了要观察数据,分析工作可能会对矛盾或明确的问题提出警告,这可以起到避免后期无用分析的作用。数据可视化的工具在最初的数据库探索中是十分有益的。散列图、条形图、地理地图和其他可视化工具对观察数据提供了强大的支持,这些图形不仅有利于数据学习,也有利于剖析获取的信息。

进行变量值的比较和描述也是了解数据的重要一步。我们首先看一下每个变量的值,然后把它们和文档中所给的描述作对比。这个过程通常能揭示数据描述的不精确性和不完全性。

我们可以用简单的纵横列表和可视化工具(比如散点图、条形图和地图)来验证关于数据的一些假设。通过与各种其他变量有关的目标变量,我们可以研究一些事情,比如给予反映的通道、市场的用户变动率或不同性别人群的收入。尝试着从细节数据中重新创建总数据的数量,或许我们从中可以收获很多的信息。在尝试解释差异的过程中,可以了解蕴藏在报告数据背后的商业规则。

当数据不能支持公认的观点或者自己的预期时,把这种情况记下来。数据探索过程中的重要收获,是提供数据的人所做出的问题清单。因为很少有人会像数据挖掘者一样仔细分析数据,所以这些问题可以产生一些长期的研究项目。各种各样的问题可能来自一些初步的探索。这些通常都是我们对于数据所产生的真实问题。有时候这些问题的答案会让我们明白,我们对于客户的行业是并不了解的。

2.2.4 创建模型集

模型集包含建模过程中使用的所有数据。模型集中的数据有些被用来发现建立模型,有些被用来确保模型的稳定,有些则被用来评价模型的效果。创建一个模型集要求我们从多种渠道收集数据,从而找出消费者的特征,为分析数据做准备。

收集客户特征。模型集是一个格或者是一系列表的集合,从字段中了解到的项目内容对于建模十分有用。当用数据描述消费者时,模型集的行通常被称为消费者特性。从相关联的数据库中收集客户特征通常需要复杂的查询,并且要用其他来源的数据扩充这些特征。数据整理的部分过程是让所有的数据处在与数据描述同样的水平上,这样的话每一个客户都有一个值与之对应。

通常情况下,数据挖掘的任务包括区分不同组别数据,比如响应者和非响应者、好商品和坏物品,以及具有不同消费者特性的人群。正如在补充内容中解释的,当不同的组别有着相近的数据时,数据挖掘算法便可以最大限度地发挥作用[4]。然而这种情况一般不会自然发生。事实上,不具有代表性的组别常常更加有趣。

在建模之前,我们应该通过建立样本使数据组保持平衡,而建立样本的方式,可以是从具有不同概率的不同组别中提取,也可以是添加权重因子使得最受重视的数据组别比小型的组别权重更大。

我们的首要目标是建立稳定的模型。其中,"稳定"意味着模型可以在一年内的任何时候发挥作用,即能够很好地预测未来。如果模型集中的数据不是全部来源于一个年度,那么上述情况就很可能实现。即使模型仅基于3个月的历史数据,模型集中不同的行也应该用不同的视图。这种做法是为了让模型从过去的事件中推断出结论,而非仅记录过去发生的某个具体的事例。一个数据模型若仅基于单独的时间段来建立,其所推出结论的不真实性风险就会加大。

当数据组被用来预测未来的行为时,就有了另一个需要我们注意的时间问题。虽然模型集应该包含多个时间段的数据,但一个客户的特征随着时间的变化,其预测变量和目标变量之间总会有一些差别。时间可以被分为三部分:过去、现在和未来。当进行预测时,模型用过去的数据来预测将来。

正如图2.4所示,所有的3个时期都应该处在模型集中。当然,所有的数据都来源于过去,所以,模型集中的时期实际上又可分为遥远的过去、不久的过去和最近的过去。预测模型的建立就是用遥远过去的数据来解释最近的一些结论。当模型投入使用时,就可以成功地使用最近的数据来预测未来了。

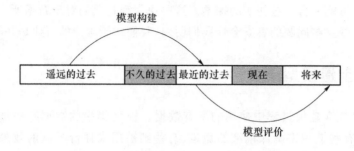

图 2.4 数据的时期分为过去、现在和未来

有时我们不能立即发现数据没有在某个客户特性中发挥作用。其原因是当模型被应用时,没有现在的数据作为输入。图 2.5 对于此情况作了形象的展示。如果模型是用六月(不久的过去)的数据建立起来的,并要预测七月(最近的过去)的状况,那么如果没有八月的数据,我们便不能用它来预测九月的情况。但如果八月有合适的数据呢?这种情况当然是不可能出现的,因为即使有也是被人为创造出来的。九月的第一周不可能有八月的数据出现,因为数据需要被收集、整理、装载、测试和试运行。在很多的公司,直到九月中旬甚至十月才会有八月的数据库,那时已经没有人关心九月的预测结论了。这种情况的解决办法是,将一个月的延迟计入模型集中。

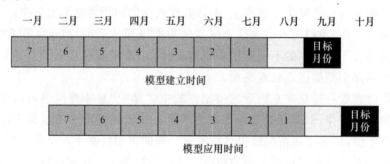

图 2.5 建立模型和应用模型的时间对比

人们建立模型的时候,经常在理解训练集和验证集为什么相互关联的问题上感到十分困难。对于预测模型,其测试集也应该和训练集、验证集的时间段不同。模型稳定性是验证其在月份与月份之间的表现能力。尽管测试集并不总是有效的,但不同时间段的测试集,也常被叫作不合时宜的测试集,是验证模型稳定性极为有效的方法。

2.2.5 解决数据中的问题

在数据处理中,主要可能出现以下几类问题。

分类变量含有太多的值。像一些变量,如邮政编码、区县、职业代号等,都是包含众多有用信息的实例,如果数据中实例少、指标多,这种情况就要求扔掉一些变量。对于此类数据变量,要么把它们分组,将对目标变量有相同作用的指标放在一起,要么就用更加简洁的属性来替代它们。比如,我们可以把单纯的邮政编码用邮政编码的中位数、人口密度、历史热度等预测的指标来替换。

数值变量具有偏态分布与异常值。偏态分布和异常值常常引发数据挖掘技术的一些问题,因为数据挖掘技术都会用到一些数值(比如通过权重和归类来使得它们多样化)。在很多情况下,含有异常值的记录十分重要。而在其他的情况中,我们最好将这些值划分到具有相同尺度的范围中,比如都是十分位数。有时最好的方法是转换这些变量,例如,通过对数替换每个值来缩小值的范围。

缺失值。有一些数据挖掘算法将空值也作为一个具体的值,并将其纳入规则当中。然而其他的算法不能处理这些缺失值。目前并没有明确的方法能够保存正确的变量分布情况。而丢掉含有缺失值的记录可能会引起偏差,因为这样的记录呈现随机分布是不太可能的。然而,我们可以用一些可能的值(比如平均数和众数)来替换缺失值,以填补一些虚假的信息。当缺失值必须被替换时,最好的方式是通过建立模型把它们归类,以缺失值作为其目标变量。

当数据来源于不同的时间点时,对于同一个字段其值随时间变化是正常的现象。我们在处理这种情况时就需要一个设计好的数据仓库,在这个数据仓库中,数据的变化是被记录下来的,这样一个新的变量就可以根据时间而被正确地定义。

数据编码不一致。当从多种渠道收集一个话题的信息时,我们会发现,同样的数据类型在不同渠道中的表示方式并不相同。如果这些差异不能被正确地识别,那么它们所造成的虚假判别将导致错误的结论。为了将某个具体的城市和该省的其他地区分开,同样的数据集包含着一些地区的缩写形式。

2.2.6 转换数据

当完成数据收集并解决完数据中的问题后,就要开始数据分析的过程。这个过程包括添加一些字段以表达信息,去除异常值,丢弃数值变量,将分类变量归类,做一些像取对数之类的数据处理,以及将数值变为比例形,等等。数据准备是一个极为重要的过程。

2.2.7 建立模型

此步骤具体细节因技术而异,并在专门介绍每种数据挖掘方法的章节中进行了描述。一般而言,这是构建模型的大部分工作起始的步骤。在定向数据挖掘中,训练集用于根据独立变量或输入变量生成独立变量或目标变量的解释。该解释可以采用神经网络、决策树、链接图或目标与数据库中的其他字段之间的关系的一些其他表示的形式。在无向数据挖掘中,没有目标变量。该模型查找记录之间的关系,并将它们表示为关联规则或将它们分配给公共聚类。构建模型是数据挖掘过程的一个步骤,现已通过现代数据挖掘软件实现自动化。因此,它在数据挖掘项目中占用的时间相对较少。

2.2.8 评估模型

此步骤用于评估模型是否正常。模型评估的过程应回答以下问题:模型的精确度如何?该模型如何描述观察到的数据?模型预测未来具有多大的可信度?这个模型有多容易理解?当然,这些问题的答案取决于所构建模型的类型。这里的评估针对模型的技术优点,而不是良性循环的测量阶段。

评估描述性模型。衡量描述性模型一般有两个规则:规则性和表达性。表达性似乎是更加主观的,但事实上,有一种理论方法可以用来衡量它,称为最小描述长度(MDL)。模型的最小描述长度是对规则和规则的所有异常列表进行编码所需的位数。所需的位数越少,规则越好。一些数据挖掘工具使用 MDL 来决定要保留哪组规则以及要清除哪组规则。

评估定向模型。定向模型根据以前不可见数据的准确性进行评估。不同的数据挖掘任务需要不同的方式来评估模型的整体性能,以及模型对具体的数据集上产生的结果需要不同的评估方式。任何模型评估都取决于问题背景;相同的模型在不同的判准之下也会有好坏差别。模型评估可以在整个模型的层面上进行,也可以在个体预测的层面上进行。具有相同总体精确度的两个模型在个体预测之间可具有完全不同的方差水平。例如,决策树具有总体分类错误率,但树的每个分支和叶子都具有独特的错误率。

使用提升度(lift)来比较模型。无论是使用人工神经网络、决策树、遗传算法创建定向模型,还是使用其他的方法,其目的都是完成某项任务。为什么不评价一下它们的分类、估计和预测能力呢?比较分类模型性能的常用方法是使用称为提升度的比率。此度量也可用于为其他任务设计的模型比较。其实际测量的是当模型用于从总体中选择一个群体时,特定类别的比例变化。

$$\text{lift} = \frac{P(\text{群体}_t | \text{样本})}{P(\text{群体}_t | \text{总体})} \tag{2.1}$$

2.2.9 部署模型

应用数据挖掘模型的挑战在于它们通常用于对非常大的数据集进行评分。在某些环境中,数百万条客户记录中的每一条都会每天更新一次新的行为记分[5]。分数只是数据库表中的附加字段。分数通常表示概率或可能性,因此它们通常是介于0和1之间的数值,但这不是必然的。例如,分数也可以是由聚类模型提供的类标签,或者是具有概率的类标签。

2.2.10　评估结果

评估结果过程中最重要的衡量标准是投资回报率。在测试装置上测量提升度有助于选择正确的模型。基于提升的获利能力模型将有助于决定如何应用模型的结果。但是,在实际中测量这些东西非常重要。在数据库营销应用中,这需要始终留出控制组并根据各种模型分数仔细跟踪客户响应。

2.2.11　重新开始

每个数据挖掘项目都会有比答案更多的问题。这意味着现在可以看到以前不可见的新的关联性。新发现的关联性会让我们对新的假设进行检验,数据挖掘过程将重新开始。

本 章 小 结

数据挖掘有两种形式:定向数据挖掘和非定向数据挖掘。定向数据挖掘涉及搜索历史记录,从而找到能解释特定结果的模式。定向数据挖掘包括分类、估计、预测和分析等任务。非定向数据挖掘通过相同的记录搜索感兴趣的模式。它包括聚类、查找关联规则和描述等任务。

数据挖掘使商业问题更接近数据。因此,假设检验是该过程中非常重要的一部分。第一个关键是将商业问题转换为数据挖掘可以解决的六大任务之一:分类、估计、预测、关联规则、聚类和建立简档。第二个关键是找到可以转化为可处理的合适数据,然后对其进行进一步的分析。之后创建模型集,并将其划分为训练集、验证集和测试集。数据转化过程中需要进行两项工作:修复数据集存在的问题和创建整合数据变量。将数据简单处理后,构建数据模型并进行分析。

本章参考文献

[1]　HAN J W, KAMBER M, PEI J. 数据挖掘:概念与技术[M]. 3版. 北京:

机械工业出版社,2012.
[2]　贺玲,吴玲达,蔡益朝.数据挖掘中的聚类算法综述[J].计算机应用研究,2007,24(1):10-13.
[3]　苏新宁,杨建林,江念南,等.数据仓库和数据挖掘[M].北京:清华大学出版社,2006.
[4]　毛国君,段立娟,王实,等.数据挖掘原理与算法[M].北京:清华大学出版社,2005.
[5]　梁循.数据挖掘:建模、算法、应用和系统[J].计算机技术与发展,2006,16(1):1-4.

第 3 章
数据挖掘中的统计知识

从未来的经济发展和行业趋势来看,根据统计学推断我国电子商务仍处于平稳发展期,并且呈现电商与社交、内容融合的趋势。例如,一家独大的淘宝与紧随其后的京东等都反映出社交正在成为电商业务拓展的重要方式。同时,电子商务与内容业务交叉融合发展,电商平台通过短视频和直播等方式打造多元化购物场景,将更多地运用到统计学知识。本章的目的是引入一些有用的统计学技术或思想,并不打算全面地介绍统计学,而这些技术或者思想可以作为数据挖掘的关键工具。

本章开头将介绍在应用统计学中的重要概念和专业术语,讲解如何从统计学家的视角观测数据;同时详细解释置信区间和卡方检验。并且在本章的最后,我们将简单地探讨数据挖掘工作者和统计工作者之间的区别。

3.1 奥卡姆剃刀

威廉·奥卡姆(William Ockham)是一位极具影响力的哲学家和逻辑学家,那么奥卡姆和数据挖掘又有什么关联呢?奥卡姆剃刀原理简述为"如无必要,勿增实体";让人更容易理解的说法是"越是简单的解释就越好"。还有一种更通俗的说法,即"不要搞得太复杂"。任何一种解释背后的原理都应该把假设的数量减到尽可能最少,这一推论被称为"奥卡姆剃刀原理"。

3.1.1 零假设

奥卡姆剃刀原理对数据挖掘和统计学都非常有用[1],不过它在统计学中人们更倾向于将它理解为零假设。零假设假定观测结果之间的差别只是因为偶然。举例来说,考虑一次投票选举,候选人 A 的支持率是百分之四十五,而候选人 B 的支持率是百分之四十七。由于数据来自民意调查,所以所得具体数值只是对每位候选者支持率的粗略估计。外行人可能会问:"这两个数值真的是不同的吗?"而统计学家可能会问:"有没有可能这两个数值实际上是一样的,如果有可能的话可能性又是多少?"

尽管以上两个问题看起来十分相似,统计学家的发问却包含了一种态度,即这两个数值之间的差别可能没有任何意义,这就是对零假设的运用。在例子中,我们看到有百分之二的差别。然而这一差别可以解释成是由调查选取人群样本造成的。换个样本可能就会看到与之相反的百分之二的差异,或者结果毫无差异。这些在民意调查中都是合理、可能的结果。当然,如果两者的差别达到百分之二十之多,那么差别来自样本选取的可能性就很小了。如果存在这么大的差距,那么说一位候选人比另一位做得好就很有说服力了,零假设此时实现的可能性也会大大减小。

3.1.2 P 值

零假设不仅可以作为一种分析方法,也可以被量化[2]。P 值表示零假设为真的可能性。统计学中很大一部分案例是在决定 P 值的范围。

继续思考投票选举的例子。假设我们算出 P 值是百分之六十(本章后面将详细地讲述这是怎样得到的)。这就表示民意调查显示两位候选人支持率的差距有百分之六十的可能性完全是由偶然因素造成的,说明几乎没有迹象能证明两位候选人的支持率有所差异。

如果把 P 值换成百分之五呢?这是一个相当小的数,表示我们认为 B 候选人比 A 候选人做得更好的可能性为百分之九十五。置信度(有时也叫 Q 值)是 P 值的反面。通常,我们的目标是,如果不能得到百分之九十五乃至更高的置信水平,那么置信度也要至少达到百分之九十(表示对应的 P 值低于百分之五或百分之十,以此类推)。

零假设、P 值和置信度是统计学中的 3 个基本思想。下一部分将进行更深入的探讨。

3.2 观测数据

学习如何量度和观测数据是学习统计学的起始点。

3.2.1 观测离散的数值

数据挖掘中用到的许多数据是离散的而非连续的。这一部分讨论离散数据的观测与分析。

1. 直方图

离散领域最基础的描述性统计量大概就是不同数值出现的次数。直方图能表示数据中每一个值的出现频率,有时用绝对值表示,有时用百分数表示。

2. 时间序列图

直方图表示的是某一时刻的数据情况,但数据挖掘往往与一个时期相关。因此,一个关键的问题就在于如何描述这些值出现的频率随时间变化的规律。时间序列分析要求为数据选择一段合适的时间。因此合适时间段的单位与计时起点至关重要。

时间序列图包含大量的信息,如整个流程大体在什么范围内运行、是否具有波动较大的时期,也可以实现对未来数据变化的预测。

3. 标准值

有一种观察时间序列的方式是把全部数据分割开来看,将每天的数据从整体中抽离出来。那么统计学家可能就要发问了:"有没有可能我们看到的每一天之间的差异完全是由偶然造成的呢?"这就是零假设,而零假设可以用 P 值(数值的变动可以只用偶然来解释的可能性)来回答。

这是一个关于"样本标准差"的问题。正态分布可以用两个参数来表示:均值和方差。均值就是平均数,方差是值围绕均值波动范围的量度。如果每天的值都是从整个时期的停止中随机选取的,那么计数的集合就应当服从正态分布。如果不是这样的话,就有一些并非偶然造成的因素在影响着这些值。

这就鼓励我们将时间序列的值标准化进而验证零假设:
- 计算所有天的总平均值;
- 计算所有天的标准差;
- 用每一个值减去均值,再除以标准差,就得到了与平均值的标准偏差数。

我们将数值标准化的目的就在于验证零假设。如果零假设为真,则标准化的值应当服从均值为 0、标准差为 1 的正态分布。首先,在标准化的值中,正数和负数出现的次数应该相等。此外,标准化之后的值中应该有 2/3 左右(68.4%)在 -1 和 1 之间,95% 的值在 -2 和 2 之间,大于 3 或小于 -3 的值应该在整体数据中几乎观察不到。当然,这里的这些"应该"表示这些值服从正态分布并且零假设成立(也就是说,所有与时间相关的影响都用样本方差来表示)。当零假设不成立时,我们很容易就能从标准化的值中看出来。

标准化的值通常称为 Z 值,当 Z 值过高或者过低时,就要怀疑是不是有什么其他的因素在影响停止数。

4. 从标准化数值到概率

如果我们假定一个标准化的数值服从正态分布,那么就可以算出这个值本来可能会偶然出现的概率。方法就是算出某个距均值较远的值发生的可能性,即概率 P,我们在 Z 值的范围内将其定义为正态曲线下方两点之间的区域面积。

计算某个距均值较远的值可能意味着以下两种概率中的一种:

- 数值与均值的差距大于 Z 倍标准差的概率,而不追究差异是正还是负;
- 数值恰好比均值大或小 Z 倍标准差的概率,还关心差异的特定方向。

第一个概率被称为双尾分布,第二个则被称为单尾分布。详细见图 3.1,用这张图就可以弄清楚这些专业术语。对于 Z 值而言,双尾概率永远是单尾概率的两倍,所以双尾概率要比单尾概率更悲观,更有可能认为零假设为真。如果单尾概率认为零假设的概率是 10%,那么双尾概率就会说它是 20%。一般默认使用双尾概率。

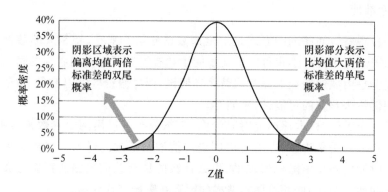

图 3.1 正态分布的尾部回答了这样一个问题:
"得到 Z 值乃至更高的值的概率是多少?"

下面给出了一些常见的置信水平对应的 Z 值的极限:

- 置信度 90% → Z 值>1.64;
- 置信度 95% → Z 值>1.96;
- 置信度 99% → Z 值>2.58。

当置信度接近 100% 时,数值就会接近 0。带符号的置信度能够额外告诉我们该值是否过高或过低了。当观察到的值低于均值时,置信度的符号就是负号。

5. 交叉表

时间序列是交叉表的一个例子,交叉表是一种常用的分类汇总的表格,可以一次查看两个或多个变量的值。我们可以对交叉表做可视化处理。图3.2是依据客户数量的数据做出的曲面图。这个曲面图有点像丘陵地形。客户数量是丘陵的高度,各市是一个维度,渠道成为第三个维度。这个曲面图表明,对于济南来说,"其他"这一渠道客户数量最多。我们也可以用各种统计检验来评估不同维度之间的关联程度。

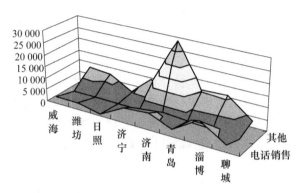

图3.2 曲面图提供了交叉表数据的可视化界面

3.2.2 观察连续性变量

在数据挖掘中,我们经常遇到连续性数据,本节从描述性统计学的角度来讨论连续数据。

最基本的统计度量是仅用一个值来描述一组数据。最常用的统计量是平均值。除此之外,其他统计量如下。

- 极差:极差是样本中最小和最大观测值之间的差值。极差经常与最小值和最大值一起使用。
- 中位数:中值是把观测数据分成两个数量相等的组,一个组观测值小于中值,另一个组观测值大于中值。
- 众数:这是出现次数最多的值。
- 方差:方差是样本分散度的度量,或者是观测数据接近平均值的程度。极差并不是一个衡量分散程度的好指标,因为它只考虑了两个极端值。移除一个极端值有时会戏剧性地改变极差。但方差考虑了每一个值,观测值与样本平均值之间的差值称为偏差。方差被定义为偏差平方的平均值。
- 标准差:标准差是方差的平方根,是测量分散度最常用的指标之一。标准差比方差更方便,因为它以与观测单位相同的单位来表示,而不是用平方单位来表示。我们先前使用的 Z 分数是以标准差表示的观测值距平均值的距离。使用正态分布,Z 分数可以被转换成一个概率或置信水平。

3.2.3 其他统计思想

相关系数是衡量一个变量的变化与另一个变量的变化的关联程度的量度。相关系数的范围是从 −1 到 1。相关系数为 0 意味着这两个变量是不相关的。相关系数为 1 意味着随着第一个变量的变化,第二个变量在同方向上变化,但变化量不一定相同。关联程度的另一个度量值是 R^2,它是相关系数的平方,范围从 0(无关系)到 1(完全相关)。例如,圆的半径和圆周长是完全相关的,尽管后者比前者增长得更快。负相关意味着这两个变量在相反的方向上变化。

回归是使用一对相关变量中的一个值来预测第二个值的过程。最常见的回归形式是线性回归,之所以被称为线性,是因为它试图通过样本中观察到的 x 和 y 来拟合直线。一旦建立了这条线,它就可以用来预测 y 的值。

3.3 度量响应

本节基于市场营销中的统计学思想。冠军-挑战者的营销方法尝试将新想法与企业原有模式进行对比。例如,假设一个公司每月发送一百万个计费插件,以诱使顾客做某事,定义为冠军要约,另一个要约是对这个要约的挑战,即挑战者要约。比较这两者的方法是:

- 向 900 000 位顾客发送冠军要约;
- 向 100 000 位顾客发送挑战者要约。
- 确定哪一个要约更好。

问题是,我们如何知道一个要约比另一个更好?为了更详细地介绍这一点,本节引入置信的概念。

3.3.1 比例标准误差

在上述情境下,我们从客户群随机抽取一个子集发送挑战者要约。基于这个子集的响应,我们来预测所有客户对要约的预期响应。

举例说明,我们假设初始人群中有 50 000 人收到挑战者要约后选择接受。那么在 10% 的客户聚类中大约有 5 000 人会回应。如果这个数据确实发生了,那么本群体响应率和整个客户群体响应率都是5%。但实际上,有可能(虽然可能性非常小)这50 000个响应者都在我们选定的提供挑战者要约的样本里,这样就会得出50%的响应率。另外,也有可能(并且也是极不可能的)这50 000个响应者中没有一个在我们选择的样本中,此时响应率为0%。在1/10的样本中,观察到的响应率可能低至0%或高达50%。当然,这些都是极限值,实际值很可能接近5%。

我们思考另一种情况,假定我们已经在样本中观察到5 000个应答者。这能告诉我们整个人群的情况吗?同样地,有可能这些是客户群中所有的应答者,响应率可低至0.5%。此外,除了我们样本中未响应的人,其他每个人都有可能成为响应者,也就是我们在选择样本时非常不走运,响应率可高至90.5%。

也就是说,实际响应率在0.5%到90.5%之间存在100%的置信度。置信度高是好的,但是范围太宽也不好。我们愿意以降低置信水平来解决这一问题。通常,我们希望置信度为95%到99%。

响应值的分布是二项分布。当样本量非常大时,二项分布近似于正态分布。在图3.3中,锯齿线对应二项式分布,光滑线对应正态分布。

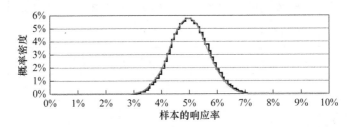

图3.3 统计数据已经证明,一个群体的实际响应率非常接近正态分布,
该分布的平均值是测量出样本的响应率,其标准差是比例标准误差(SEP)

确定对应的正态分布十分重要,假设样本的数量为100 000,响应率为5%。正态分布有两个参数:均值和标准差。为了计算标准差,先计算比例标准误差,公式如下:

$$\text{SEP} = \sqrt{\frac{p(1-p)}{N}} \tag{3.1}$$

其中,p是平均值,N是样本数量。因此,对应正态分布的标准差等于所观察到的响应率乘以1减去观察到的响应率,再除以样本总数的平方根。

我们已经观察到,大约68%的数据服从一个标准差之内的正态分布。当样本大小为100 000时,SEP约为0.07%。所以,我们有68%的信心使得实际响应率在4.93%到5.07%之间。我们还观察到,超过95%的数据在两个标准偏差之内,所以4.86%到5.14%之间的范围正好超过95%的置信度。因此,如果我们得到挑战者要约的响应率为5%,那么我们有95%的信心相信整个人口的响应率介于4.86%到5.14%之间。注意:获得挑战者要约的人是从整个人口中随机选择的。

3.3.2 利用置信区间比较结果

前一小节我们将置信区间应用于收到挑战者要约的客户响应率中。在这种情况下,实际上有两个响应率:一个是冠军的;另一个是挑战者的。这两个响应率不同吗?注意,观察到的实际值可能不同(比如5%和5.001%),但数值差距是很难区分的。我们可以查看每个响应率的置信区间,看看它们是否重叠。如果置信区间不重叠,那么这两个响应率不同。

距离均值标准差为1.96的置信度为95%,所以较低的值是均值减去这个标准差,而较高的值是均值加上它。表3.1显示了当冠军模型样本的响应率从4.5%变到5.5%时,预期响应率范围的上下限。

表3.1 冠军组置信区间为95%的响应率范围界限

响应率	样本大小	SEP值	置信度95%	95%置信×SEP	下界	上界
4.5%	900 000	0.021 9%	1.96	0.021 9%×1.96=0.042 9%	4.46%	4.54%
4.6%	900 000	0.022 1%	1.96	0.022 1%×1.96=0.043 3%	4.56%	4.64%
4.7%	900 000	0.022 3%	1.96	0.022 3%×1.96=0.043 7%	4.66%	4.74%
4.8%	900 000	0.022 5%	1.96	0.022 5%×1.96=0.044 1%	4.76%	4.84%
4.9%	900 000	0.022 8%	1.96	0.022 8%×1.96=0.044 7%	4.86%	4.94%
5.0%	900 000	0.023 0%	1.96	0.023 0%×1.96=0.045 1%	4.95%	5.05%
5.1%	900 000	0.023 2%	1.96	0.023 2%×1.96=0.045 5%	5.05%	5.15%
5.2%	900 000	0.023 4%	1.96	0.023 4%×1.96=0.045 9%	5.15%	5.25%
5.3%	900 000	0.023 6%	1.96	0.023 6%×1.96=0.046 3%	5.25%	5.35%
5.4%	900 000	0.023 8%	1.96	0.023 8%×1.96=0.046 6%	5.35%	5.45%
5.5%	900 000	0.024 0%	1.96	0.024 0%×1.96=0.047 0%	5.45%	5.55%

基于这些可能的响应率,可以判断置信界限是否重叠。在挑战者模型中95%置信区间为约4.86%至5.14%。当其响应率为4.9%、5%或5.1%时,这些置信区间的界限与冠军模型置信区间的界限重叠。例如,4.9%响应率的置信区间是4.86%到4.94%,这与4.86%到5.14%的置信区间重叠。使用重叠边界法,我们会认为两者在统计学上是相同的。

3.3.3 使用比例差异比较结果

另一种方法是看响应率之间的差值,而不是响应率本身。在 SEP 的基础上提出比例差异标准误差(SEDP)的公式:

$$\text{SEDP} = \sqrt{\frac{p_1(1-p_1)}{N_1} + \frac{p_2(1-p_2)}{N_2}} \tag{3.2}$$

这个公式与比例标准误差公式非常相似。表 3.2 所示为冠军组响应率在 4.5% 至 5.5% 之间时的冠军-挑战者问题详情。

表 3.2 置信度为 95% 时,冠军与挑战者置信区间界限差异

挑战者		冠军		差异			
响应率	样本大小	响应率	样本大小	值	SEDP	Z 值	P 值
5%	100 000	4.50%	900 000	0.50%	0.07%	6.9	0.00%
5%	100 000	4.60%	900 000	0.40%	0.07%	5.5	0.00%
5%	100 000	4.70%	900 000	0.30%	0.07%	4.1	0.00%
5%	100 000	4.80%	900 000	0.20%	0.07%	2.8	0.60%
5%	100 000	4.90%	900 000	0.10%	0.07%	1.4	16.80%
5%	100 000	5.00%	900 000	0.00%	0.07%	0.0	100.00%
5%	100 000	5.10%	900 000	−0.10%	0.07%	−1.4	16.90%
5%	100 000	5.20%	900 000	−0.20%	0.07%	−2.7	0.60%
5%	100 000	5.30%	900 000	−0.30%	0.07%	−4.1	0.00%
5%	100 000	5.40%	900 000	−0.40%	0.07%	−5.5	0.00%
5%	100 000	5.50%	900 000	−0.50%	0.07%	−6.9	0.00%

随着比例的不同,冠军响应率有 3 个低于 95% 的置信度(即 P 值超过 5%)。如果挑战者的响应率是 5%,冠军的是 5.1%,那么响应率的差异可能出于偶然。然而,如果冠军的响应率为 5.2%,那么差异归因于偶然的可能性降至 1% 以下。同样,为了使比例差异法起作用,每一组样本都必须从整个人群中随机选择。

3.3.4 样本大小

SEP 和 SEDP 公式都包括样本大小。样本大小与置信区间成反比。所以,样本数量应该尽可能大。

表 3.3 所示为当挑战者的样本为不同大小时的置信区间的情况,假设观察到的挑战者响应率是 5%。当样本非常小时,置信区间非常宽。

表 3.3　挑战者样本大小不同时置信度为 95% 的置信区间

响应率	样本大小	SEP	置信度 95%	下界	上界	范围宽度
5%	1 000	0.689 2%	1.96	3.65%	6.35%	2.70%
5%	5 000	0.308 2%	1.96	4.40%	5.60%	1.21%
5%	10 000	0.217 9%	1.96	4.57%	5.43%	0.85%
5%	20 000	0.154 1%	1.96	4.70%	5.30%	0.60%
5%	40 000	0.109 0%	1.96	4.79%	5.21%	0.43%
5%	60 000	0.089 0%	1.96	4.83%	5.17%	0.35%
5%	80 000	0.077 1%	1.96	4.85%	5.15%	0.30%
5%	100 000	0.068 9%	1.96	4.86%	5.14%	0.27%
5%	120 000	0.062 9%	1.96	4.88%	5.12%	0.25%
5%	140 000	0.058 2%	1.96	4.89%	5.11%	0.23%
5%	160 000	0.054 5%	1.96	4.89%	5.11%	0.21%
5%	180 000	0.051 4%	1.96	4.90%	5.10%	0.20%
5%	200 000	0.048 7%	1.96	4.90%	5.10%	0.19%
5%	500 000	0.030 8%	1.96	4.94%	5.06%	0.12%
5%	1 000 000	0.021 8%	1.96	4.96%	5.04%	0.09%

3.3.5　置信区间的真正含义

置信区间是对结果数据离散性的度量。假设其他条件不变,它衡量采样过程中引入的不准确量。它还假定抽样过程本身是随机的,即 100 万位客户中,任何一个都同等可能地被提供挑战者要约。如果不随机抽取样本将会造成系统偏差,当存在系统偏差时,置信区间的公式是不正确的。

置信区间仅是一个关于统计数据和偏离的陈述。它没有解决所有可能影响结果的其他形式的偏颇,而且这些偏颇往往比样本变量更重要。下一小节我们将在市场营销中建立一个实验组和一个对照组,更深入地研究这些问题。

3.3.6　实验组和对照组

冠军-挑战者模型是双向测试的一个例子。本小节将讨论如何选取合适的实验组和对照组样本大小。前文讨论了如何确定样本响应率的置信区间,此处我们把这个逻辑反过来:不是从样本组的大小开始,而是从测试设计的角度来考虑样本大小。这需要以下信息:

- 样本组的估计响应率,我们称之为 p;
- 使结果显著的反应率差异程度(测试的准确度),我们称之为 d;
- 置信区间(规定置信度为 95%)。

以上信息已经足够确定实验组和对照组所需的样本大小。

第一步是确定 SEDP 的值。也就是说,如果我们愿意接受 0.2% 的差异和 95% 的置信度,那么相应的标准误差是多少?该过程就是将 P 值(95%)转换为 Z 值,然后通过该值划分期望的置信度。

第二步是将这些值插入 SEDP 的公式中。为此,我们假设并控制实验组和对照组具有相同的大小:

$$\frac{0.2\%}{1.96} = \sqrt{\frac{p(1-p)}{N} \cdot \frac{(p+d)(1-p-d)}{N}}$$

代入刚才提到的值(p 是 5%,d 是 0.2%),可以得出

$$0.102\% = \sqrt{\frac{5\% \times 95\%}{N} + \frac{5.2\% \times 94.8\%}{N}} = \sqrt{\frac{0.096\,796}{N}}$$

$$N = \frac{0.096\,796}{(0.001\,02)^2} = 93\,037$$

因此,实验组和对照组大小相等,均为 93 037 时,可以用 95% 的精度测量出响应率 0.2% 的差异。当然,并不是说结果至少相差 0.2%,只是说当两组的大小是 93 037 时,两者响应率之间的差异应为 0.2%,且有统计学意义。

3.4 多重比较

到目前为止的讨论都只使用了一个比较,例如实验组和对照组之间的差异,但往往我们会同时运行多个实验。以下引入多重比较的概念。

3.4.1 多重比较的置信水平

前面已经进行了两组实验,并得出了两组实验之间存在的差异。奥卡姆剃刀原理通常假设最简单的理由进行解释。响应率差异最简单的假设是差异不显著,响应率实际上是相同数目的近似值。如果差异很显著,那么我们需要寻找原因。

现在考虑另一种情况,其他条件不变,当有 20 个小组在实验,而只显示其中一组时,将会得出一个完全不同的结论。前文置信水平仅基于一个比较得出,当存在多个比较时,该指标不再正确。因此我们需要校正。

3.4.2 Bonferroni 校正法

用一个简单的修正来解决这个问题,我们之前一直在研究置信度,认为有 95% 的可能性该数据介于 A 和 B 之间。现在考虑下述的情景:

- X 有 95% 的可能性在 A 和 B 之间;
- Y 有 95% 的可能性在 C 和 D 之间。

如果想知道这两种情况都是真的概率,可以先计算其中一种为假的概率,这样更容易计算。第一种情况为假的概率为 5%,第二种情况为假的概率也为 5%。两者都为假的概率是两者之和 10%,减去两者同时为假的概率(0.25%)。所以,两者都是真的概率大约是 90%。

从 p 值的角度来看,这两种情况的 p 值(10%)分别由两种情况的 p 值之和近似得到。例如:假设我们有 8 个具有 95% 置信度的变量,那么我们在任何给定时间都会以 60% 的可能性期望它们都处于置信区间内(因为该 p 值是 40%=8×5%)。如果一共有 8 个实验,我们想要整体 95% 的置信度,那么 p 值的边界是 5%/8=0.625%。也就是说,每个实验需要至少 99.375% 的置信度。Bonferroni 校正将所需的 p 值除以要做比较的数量,以便得到所有被比较实验需要的 $1-p$ 的置信度。

3.5 卡方检验

卡方检验的吸引力在于,它很适用于多个实验组和多个结果的情况,只要不同的组之间可以互相区分。卡方检验是决策树的最早形式之一[3]。

3.5.1 期望值

如表 3.4 所示,这是一个简单的 2×2 表,它表示测试中的实验组和对照组有两种结果,即响应和无响应。该表还显示了每个列和行的总值。

表 3.4 用于卡方检验列出的冠军-挑战者的数据

	响应者	无响应者	合计	响应率
冠军	43 200	856 800	900 000	4.80%
挑战者	5 000	95 000	100 000	5.00%
合计	48 200	951 800	1 000 000	4.82%

我们可以计算每个单元格中的期望值,计算期望值的一种方法是通过计算以

下量来计算每列中每行的比例,如表 3.5 所示。
- 响应者的比例。
- 无响应者的比例。

表 3.5 计算表 3.4 中数据的期望和方差

	真实的回复			期望的回复		方差	
	是	否	总和	是	否	是	否
冠军	43 200	856 800	900 000	43 380	856 620	−180	180
挑战者	5 000	95 000	100 000	4 820	95 180	180	−180
总和	48 200	951 800	1 000 000	48 200	951 800		
全部的比例	4.82%	95.18%					

然后将这些比例乘以每行的计数以获得期望值。当表格数据具有更多列或更多行时,该计算期望值的方法同样可以使用。

我们得到的期望非常有趣,因为它显示了在没有其他影响的情况下数据将如何拆分。请注意,期望值的测量单位与每个单元格的单位相同,通常是客户计数,因此它实际上具有一定的含义。此外,期望值的总和与原始表中所有单元格的总和相同。表 3.5 还包括方差,即观察值和期望之间的差异。在这种情况下,方差都具有相同的值,但具有不同的符号。这是因为原始数据有两行两列。

3.5.2 卡方值

如果要知道统计样本与实际观测值之间的偏离程度,将需要更多的统计工具,如英国统计学家卡尔·皮尔森(Karl Pearson)在 1900 年开发的卡方分布。

每个单元格的卡方值计算方式如下:

$$x \text{ 的卡方值} = \sqrt{\frac{x-(x \text{ 的期望值})^2}{x \text{ 的期望值}}} \tag{3.3}$$

整个表的卡方值是表中所有单元格的卡方值的总和。请注意,卡方值始终为 0 或正数。此外,当表中的值与期望值相匹配时,整体卡方值为 0。这是我们所能做到的最好地步。随着偏离期望值的幅度越来越大,卡方值也变大。

图 3.4 所示为几个卡方分布的密度函数。

卡方值依赖自由度。表的自由度是通过行数和列数各减 1,再将它们相乘来计算的。

使用卡方检验的过程如下。
- 计算期望值。
- 计算观测值与期望的偏差。

- 计算卡方值。
- 计算表的整体卡方值。
- 计算观测值偶然发生的概率(在 Excel 中,可以使用 CHIDIST 函数)。

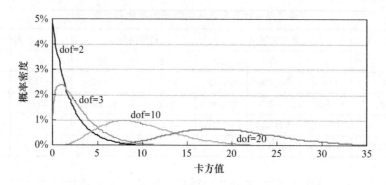

图 3.4 卡方分布取决于所谓的自由度。一般而言,它从低开始,很快达到峰值,并逐渐下降

3.5.3 卡方与比例差的比较

卡方和比例差可以应用于相同的问题。在表 3.3 中,我们使用比例差的方法对一系列冠军回应率进行了分析,确定了冠军和挑战者结果相同的可能性。表 3.6 使用卡方计算重复验证了这一点。卡方检验的结果与比例差的结果非常相似,这是一个意义重大的结果。

表 3.6 表 3.3 中比例差和卡方值的计算

挑战者		冠军		总的回应/%	挑战者的期望		冠军的期望		挑战者的卡方值		冠军的卡方值		卡方值	P值/%	比例差 P值/%
回应	未回应	回应	未回应		回应	未回应	回应	未回应	回应	未回应	回应	未回应			
5 000	95 000	40 500	859 500	4.55	4 550	95 450	40 950	859 050	44.51	2.12	4.95	0.24	51.81	0.00	0.00
5 000	95 000	41 400	858 600	4.64	4 640	95 360	41 760	858 240	27.93	1.36	3.1	0.15	32.54	0.00	0.00
5 000	95 000	42 300	857 700	4.73	4 730	95 270	42 570	857 430	15.41	0.77	1.71	0.09	17.97	0.00	0.00
5 000	95 000	43 200	856 800	4.82	4 820	95 180	43 380	856 620	6.72	0.34	0.75	0.04	7.85	0.51	0.58
5 000	95 000	44 100	855 900	4.91	4 910	95 090	44 190	855 810	1.65	0.09	0.18	0.01	1.93	16.50	16.83
5 000	95 000	45 000	855 000	5.00	5 000	95 000	45 000	855 000	0.00	0.00	0.00	0.00	0.00	100.00	100.00
5 000	95 000	45 900	854 100	5.09	5 090	94 910	45 810	854 190	1.59	0.09	0.18	0.01	1.86	17.23	16.91

续表

挑战者		冠军			挑战者的期望		冠军的期望		挑战者的卡方值		冠军的卡方值		卡方值		比例差
回应	未回应	回应	未回应	总的回应/%	回应	未回应	回应	未回应	回应	未回应	回应	未回应	值	P值/%	P值/%
5 000	95 000	46 800	853 200	5.18	5 180	94 820	46 620	853 380	6.25	0.34	0.69	0.04	7.33	0.68	0.60
5 000	95 000	47 700	852 300	5.27	8 270	94 730	47 430	852 570	13.83	0.77	1.54	0.09	16.23	0.01	0.00
5 000	95 000	48 600	851 400	5.36	5 360	94 640	48 240	851 760	24.18	1.37	2.69	0.15	28.39	0.00	0.00
5 000	95 000	49 500	850 500	5.45	5 450	94 550	49 050	850 950	37.16	2.14	4.13	0.24	43.66	0.00	0.00

3.6 数据挖掘与统计

数据挖掘者和统计人员通常使用相似的技术来解决相似的问题,但有以下差别:
- 数据挖掘者倾向于忽略原始数据中的测量误差;
- 数据挖掘者假设有足够的数据和数据处理能力;
- 数据挖掘假设依赖于时间。

这些是方法的差异,而不是对立面。我们将针对以上3点做简介。

3.6.1 基础数据无测量误差

统计数据最初源自测量科学量,例如颅骨的宽度或恒星的亮度。这些测量是定量的,测量值的精确度取决于测量设备的类型和环境温度等因素。因此,统计数据将观察值视为在置信区间内。

商业数据中存在错误来源。例如,操作错误可能会导致系统偏差。再如,时钟偏差指看似在一个序列中发生的两个事件可能在两个序列中发生。这种形式的偏差是系统性的。商业数据和科学数据之间的一个主要区别是后者具有许多连续值,前者具有许多离散值。

3.6.2 存在大量数据

传统上,统计学已应用于列数较少(少于十几列)的少量数据集(最多几千行),目标是尽可能多地从数据中提取信息。而商业数据非常庞大,挑战在于了解正在发生的事情,而不是每一件可能的事情。

抽样理论是统计学的重要组成部分。该理论解释了数据子集(样本)的结果如何与整体相关。但是,当所有数据都可用时,这一点就不那么重要了。

在某些情况下,数据量大不一定是正确的[4]。一个原因是,与其在数千万客户的基础上建立模型,不如在数十万客户的基础上建立模型;另一个原因是得到的样本不具有代表性。

3.6.3 时间依赖性随处可见

一方面,几乎所有数据挖掘中使用的数据都具有时间相关性。客户对营销工作的反应会随着时间而改变。潜在顾客对竞争性报价的反应会随着时间而变化。

另一方面,无论何时进行实验,我们都希望科学实验能够产生类似的结果。科学定律被认为是不可改变的,它们不会随着时间而改变。相比之下,商业环境每天都在变化。统计数据通常认为重复观察是独立观察,也就是说,一种观察结果与另一种观察结果并不相关。此外,数据挖掘还应考虑数据的时间组成。

本 章 小 结

本章讨论了一些数据的基本统计方法,例如直方图。统计学解决的一个重要问题是检验观察值是否符合预期,为此,可以使用从平均值(Z 分数)得到的标准方差数来计算该值由偶然性(P 值)引起的概率。高 P 值意味着零假设是正确的;低 P 值表明其他因素可能影响结果。同时,将 Z 分数转换为 P 值取决于正态分布。

商业问题通常需要分析以比例表示的数据。幸运的是,这些数据表现得与常见分布类似。比例标准误差的公式使得可以在诸如响应率之类的比例上定义置信区间。比例差异标准误差可以确定两个值是否相似。

卡方检验是另一种常用的统计方法。此方法直接计算按行和列布置的数据的估计值。基于这些估计值,卡方检验可以确定结果是否可能或不可能。如示例所示,卡方检验和 SEDP 方法产生类似的结果。

统计人员和数据挖掘者解决了类似的问题。但是,由于历史差异和问题性质的差异,方法存在一些差异。数据挖掘者通常拥有大量的数据,几乎没有测量误差。这些数据随时间而变化,数值有时会不完整。

本章参考文献

[1] 苏淳,冯群强. 概率论[M]. 3版. 北京:科学出版社,2020.
[2] 李昂. 机器学习数学基础:概率论与数理统计[M]. 北京:北京大学出版社,2021.
[3] 李航. 统计学习方法[M]. 2版. 北京:清华大学出版社,2019.
[4] 周志华. 机器学习[M]. 北京:清华大学出版社,2016.

第 4 章 聚类分析

本书中描述的数据挖掘技术用于查找数据中有意义的数据样本。这些有意义的数据样本并不总是显然的。在有些情况下,问题不在于数据样本的匮乏,而是样本的过剩。数据可能包含太多复杂冗余结构,即使是最好的数据挖掘技术也无法找出有意义的数据样本。当为了寻求某些具体问题的答案而挖掘这样的数据库时,冗余的数据往往相互冲突。就像无线电接收信号一样,太多矛盾的信号会增加噪声。然而,聚类分析提供了一种了解复杂数据结构的方法[1],将矛盾信号的噪声从数据中拆解分离出来。

当人类试图理解复杂问题时,我们自然而然地会将问题分解成更容易解释的小部分。一旦定义了适当的聚类,通常可以在每个聚类内找到显然的可用数据样本。在很多情况下,非常嘈杂的数据集实际上由许多性能更好的集群组成,关键在于如何分离出这些数据集群。这就是聚类分析技术的作用。

本章首先以两个例子介绍聚类分析的用途——一个例子来自天文学,另一个例子来自生物学,接着介绍了 K-Means 聚类算法,K-Means 聚类算法依赖于对数据的几何解释。K-Means 使用迭代求解的思想提出了衡量相似性、关联性和距离的一般性方法。同时本章还简要讨论了其他几个方法:高斯混合模型、聚合聚类和分裂聚类。

4.1 寻找简化的子集

在第 1 章中,数据挖掘技术被分类为定向数据挖掘和非定向数据挖掘,自动聚类检测是一种非定向技术的发现工具。从技术层面上来说,自动聚类检测算法本身就是为了找到存在于数据中的结构,而不考虑任何特定的目标变量。大多数数据挖掘任务从一个预先分类的训练集开始,训练集用于开发一个能够对之前不可见的记录进行评分或分类的模型。在聚类中,没有预先分类的数据,也没有自变量和因变量之间的区别。聚类算法搜索发现由彼此相似的数据组成的数据集合,即集群[2]。应用聚类算法发现了这些相似集群之后,由运行分析的人员来确定相似的数据集是否代表了企业感兴趣的东西。

自动聚类检测是一种很少独立使用的数据挖掘技术,因为寻找集群本身并不常见。一旦集群被检测到,则必须应用其他方法以确定聚类的含义。在市场营销中,出于商业目的形成的集群通常被称为"细分",而客户细分是一种普遍的聚类应用。

4.1.1 星团 HR 图

20 世纪初,天文学家试图了解恒星的亮度与其温度之间的关系,制作了图 4.1 所示的散点图。纵轴以太阳亮度的倍数来衡量亮度,横轴以开氏度(绝对零度以上,绝对零度是理论上的最低温度)为单位测量表面温度。该图是由 Ejnar Hertzsprung 和 Henry Norris Russell 在 1910 年代独立创建的,代表了朝着理解恒星演化迈出的重要一步,因而这种图被命名为赫罗图(Hertzsprung-Russell diagram, HR 图)。

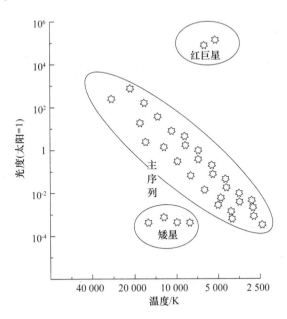

图 4.1 通过温度和光度聚类的恒星的 Hertzsprung-Russell 图

赫罗图是以恒星的绝对星等或光度相对于光谱类型或有效温度绘制的散布图。更简单地说,它将每颗恒星都绘制在一张图表上,可以测量它的温度(颜色)和光度,而它与每颗恒星的位置无关。所有形式都有相同的总体布局:亮度较高的恒星朝向图表的顶部,表面温度较高的恒星位于图表的左侧。值得注意的是,亮度和温度之间的关系在每个星团内是一致的,在星团之间是不同的。这与聚类的思想一致,可以说,赫罗图得到了一个依照温度与亮度的星团聚类。

4.1.2 鸢尾花

鸢尾花(iris)数据集是英国统计学家和生物学家 Ronald Fisher 在他 1936 年的论文"The use of multiple measurement in taxonomic questions"中作为线性判别分析的一个例子而引入的多元数据集,已经成为著名常用的分类数据集。数据集包含 3 个不同的物种,分别为山鸢尾(iris-setosa)、变色鸢尾(iris-versicolor)和弗吉尼亚鸢尾(iris-virginica),共 150 条记录,每类各 50 个数据,每条记录都有 4 项特征:花萼长度(sepal. length)、花萼宽度(sepal. width)、花瓣长度(petal. length)、花瓣宽度(petal. width)。图 4.2 展示了当采用花萼长度和花萼宽度两个特征时,聚类后的结果。显然,鸢尾花数据集被分为了 3 类,分别对应 3 个不同的物种。

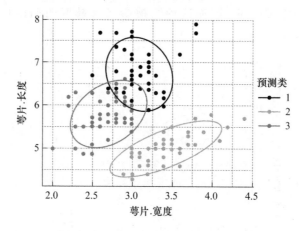

图 4.2　依据花萼长度和花萼宽度聚类的鸢尾花数据集

4.2　K-Means 聚类

K-Means 算法是最常用的聚类算法之一[3]。其名称中的"K"指该算法寻找固定数量的集群,这些集群是根据数据点彼此的接近度来定义的。在实践中,算法通常处理两个以上的独立变量,这意味着点并非对应二维向量(x_1, x_2),而对应 n 维向量$(x_1, x_2, \cdots, x_n)$。下文所描述的算法版本最初由 J. B. MacQueen 于 1967 年在

Mathematical Statistics and Probability 中提出，为了便于解释，使用二维坐标来介绍该算法。

4.2.1 K-Means 算法的 3 个步骤

第一步，随机选择 K 个数据点作为聚类中心。MacQueen 算法只需要前 K 个数据。在数据按照某种意义的顺序排列的情况下，需要选择间距很大的数据或随机选取数据。每个聚类中心都是只有一个元素的"胚胎集群"。本例将集群的数量设置为 3。

第二步，将每个数据都分配给最接近的聚类中心。一种方法是找到集群之间的边界，如图 4.3 所示。两个集群之间的边界由距二者相同距离的点组成。回顾一下高中几何所学的内容便更容易理解：给定任意两个点 A 和 B，所有与 A 和 B 等距的点都落在一条垂直于 A、B 连线的线上（称为垂直平分线）。在图 4.3 中，虚线连接聚类中心，实线为聚类边界，与虚线成直角。用这些线作为衡量标准，哪些数据最接近哪个初始聚类中心便显而易见。在三维空间中，这些边界将是平面，在 N 维空间中它们将是 $N-1$ 维的超平面。幸运的是，计算机很容易处理这些情况。找出集群之间的真实边界有利于显示几何过程。但实际上，该算法在这一步通常测量每个数据点与每个聚类中心的距离，并选择距离最近的。

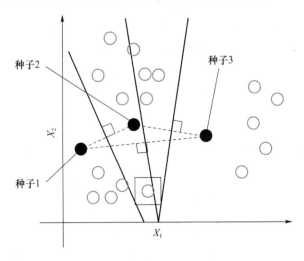

图 4.3 初始聚类中心决定初始聚类边界

例如，考虑方框中的数据点（图 4.3），在初始聚类中心的基础上，该数据点被分配给由聚类中心 2 控制的集合，因为相比其他两个聚类点它更接近该聚类中心。

这样每个点都被分配到以初始点为中心的 3 个聚类的其中之一。

第三步是计算集群的重心，找到重心是为了获取聚类中所有数据各个维度的平均值。

在图 4.4 中,新的重心用十字标记,箭头表示从初始聚类中心的位置到由这些初始中心点形成的集群的新重心的方向。

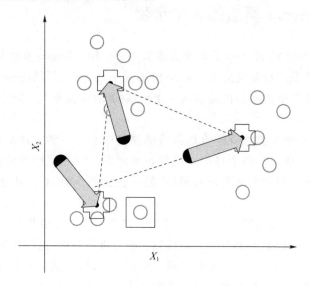

图 4.4　根据分配给每个集合的点计算的重心

重心成为算法下一次迭代的初始中心点。重复第二步,将每个点重新分配给最接近的重心所确定的集合。图 4.3 显示了新的集群所确定的边界。如前所述,边界由每对重心之间的垂直平分线形成。注意,最初分配给编号为 2 的集群的带有方框的点现在已分配给集群 1。重复将点分配给集群然后重新计算重心的过程将一直持续到集群边界停止更改为止,如图 4.5 所示。实际上,K-Means 算法通常在几十次迭代后找到一组稳定的聚类集群。

4.2.2　K 的含义

聚类描述数据潜在的基本结构,数据的结构存在于许多不同的层次。

K-Means 算法及相关算法并没有明确如何进行 K 的选择。在许多情况下,没有先验的经验选择特定的 K 值,因此在分析过程中存在这些算法的最外层循环。该外层循环包括使用一个 K 值执行自动聚类检测、评估结果,然后使用另一个 K 值再次检测或修改数据。每次试验之后,可以通过比较聚类中数据点之间的平均距离与聚类之间的平均距离以及本章稍后所讲的其他指标来评估所得聚类的准确度。这些测试可以自动化,但是必须在更主观的基础上评估聚类,以确定它们对给定应用情况的有用性。

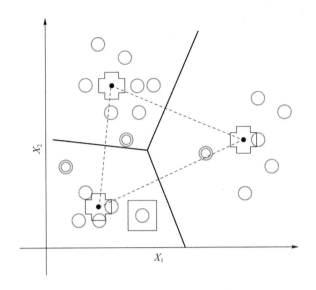

图 4.5 每次迭代时,重新评估所有聚类分配

4.3 相似度与距离

一旦数据库中的记录被映射到空间中的点,自动聚类检测就变得非常简单——一些几何图形、一些矢量等。问题在于在市场、销售和客户支持中遇到的数据库不是空间点。

这种聚类的记录需要一些自然联想的概念,即聚类中的记录彼此更相似。由于很难将直观的概念传达给计算机,这种模糊的关联概念应该被转译成某种衡量相似度的量化方法。最常见的方法之一是将所有字段转换为数字值,以便可以将记录视为空间中的点。如果两个点在几何意义上接近,则它们表示数据库中的相似记录,此方法并不唯一,且存在两个主要问题:

- 许多变量类型(包括分类变量和数字变量等)不具有可以被视为位置向量组成部分的性质;
- 在几何中,每个维度的贡献同等重要,但在数据库中,一个字段中的微小变化可能比另一个字段中的巨大变化重要得多。

下面介绍几种相似性的替代方法。

4.3.1 相似度度量和变量类型

几何距离适用于有规律的数值变量的相似性度量[4]。在我们的模型中,有规律的数值变量的值与其坐标轴上的位置一致。并非所有变量都属于此类别。因此变量分为4类,下面按几何模型的适用性递增顺序列出:

- 分类变量;
- 排序变量;
- 区间变量;
- 真实变量。

① 分类变量仅描述事物属于无序类别中的哪一个。例如,可以标记一个为菠萝面包,另一个为黄油饼干,但无法判断哪一个更接近巧克力。以数学术语表达为:$X \neq Y$ 是确定的,但不确定 $X>Y$ 或是 $X<Y$。

② 排序变量把事物按顺序排好,但不说明某一事物比另一个重要多少。如果 X、Y 和 Z 被排列为 A、B 和 C,我们知道 $X>Y>Z$,但我们不能确定 $X-Y$ 或 $Y-Z$。

③ 区间变量衡量两个观测点之间的距离。如果北京的温度为 36 ℃,大连海边的温度为 28 ℃,那么海湾一端的温度比内陆低 8 ℃。

④ 真实变量是从有意义的零点开始测量的区间变量。这个特性很重要,因为它意味着变量的两个值的比率是有意义的。

对于区间变量和真实变量,几何距离度量是明确定义的。为了使用分类变量和排序变量,有必要将它们转换为区间变量。不幸的是,这些转换可能会增加噪声信息。

4.3.2 相似度度量方法

用于测量两个记录相似性的权威方法少则有几十种,多则有几百种,在这里介绍其中 3 个,前两个适用于区间变量和真实变量,而第三个适用于分类变量。

1. 两点间的几何距离

当记录中的字段是数字时,记录代表 n 维空间中的点。两个记录对应的点之间的距离表示它们之间的相似度。如果两个点距离很近,则相应的记录相似。

测量两点之间距离的方法有很多种,如"距离度量"中所述,较常见的是高中几何学的欧几里得距离。要找到 X 和 Y 之间的欧几里得距离,首先要找到 X 和 Y 的相应点(沿每个轴的距离)之间的差并将它们平方,距离是这些平方差之和的平方根。

距离度量

任何用单个数字并描述两个点之间关系的函数都是相似性的度量,但要成为真正的距离度量,它必须满足以下条件:

- 当且仅当 X 等于 Y 时，X 与 Y 的距离等于 0；
- 所有 X 和 Y 的距离均大于等于 0；
- X 到 Y 的距离等于 Y 到 X 的距离；
- X 到 Y 的距离小于等于 X 到 Z 的距离加 Z 到 Y 的距离。

以上是几何中距离度量的正式定义。

真实距离是聚类的一个很好的指标，但其中一些条件可以放宽。较重要的条件是第二个和第三个（数学中称为同一性和交换性）——该度量为 0 或正数，并且对于任何两个点都是明确定义的。如果两个记录的距离为 0 也没关系，只要它们非常相似，它们将始终属于同一个聚类。

最后一个条件（三角不等式）也许是最有趣的。在聚类中，这意味着增加一个新的聚类中心不会让两个遥远的点突然变得很相似。幸运的是，大多数指标满足这个条件。

2. 两个向量之间的角度

有时考虑两个密切相关的记录更有意义，因为每条记录中的字段相关的方式相似。举例来说，在身体部位长度的数据库中，即使沙丁鱼身长更接近猫而非鲶鱼，鲶鱼也应该与沙丁鱼、鳕鱼和金枪鱼聚为一类，而小猫则与美洲狮、狮子和老虎聚类。

解决的办法是对相同的数据使用不同的几何解释。不仅是将 X 和 Y 视为空间中的点并测量它们之间的距离，而应将它们视为矢量并测量它们之间的角度。这种情况下，向量是将坐标系的原点连接到由向量值描述的点的线段。矢量具有长度（从原点到点的距离）和方向。对于这种相似性度量，重要的是方向。

用矢量衡量两者之间的关系不会受被比较的事物之间量级差异的影响。实际上，角度的正弦是一个更好的测量值，因为当向量特别相似时它是 0，而当向量互相垂直时为 1。使用正弦值时，$0°$ 的角与 $180°$ 的角相同，两个相差常数的向量是相似的，即使这个常数是负值。而用角度的余弦值测量相关性时，当向量互相平行（完全相关）时为 1，当向量正交时为 0。

3. 曼哈顿距离

它是沿每个轴的距离的总和。这种测量有时优于欧几里得距离，因为它给出一个沿着每条轴的距离而不用求平方根，因此某一维度中的大差异不会影响总距离。

4. 相同特征数

当记录中的重要字段是分类变量时，几何测量不是最佳选择。更好的衡量标准基于记录之间的重叠程度。与几何测量一样,这个方法有很多变量。在所有变量中,将两个记录匹配的字段数和不匹配的字段数相互比较。最简单的衡量标准是匹配数与总字段数之比。

4.4 聚类数据处理

缩放和加权在聚类中起着重要作用。这两个概念虽然相似且经常被混淆,但它们并不相同。缩放调整变量的值以考虑不同变量以不同单位或不同范围测量的事实。加权为变量提供相对调整,因为某些变量比其他变量更重要。

4.4.1 一致性缩放

在几何学中,所有的维度同样重要。假设一种情况,在维度 X 和 Y 中相差 2、在维度 Z 中相差 1 的两个点的距离和在维度 X 中相差 1、在维度 Y 和 Z 中相差 2 的两个点的距离是相同的。无论 X、Y、Z 的单位变量是什么,它们都是一样的。但如果 X 以米为单位,Y 以厘米为单位,Z 以海里为单位,显然,它们都必须转换为一个共同的尺度,距离才有意义。

不幸的是,在商业数据挖掘中通常没有可用的标准单位,因为不同的单位测量完全不同的事物。如果变量包括地方大小、汽车拥有量和家庭收入,则它们不能全部转换成相同的单位。一种解决方案是将所有变量映射到一个相同的范围(通常是 0~1 或 −1~1)。这样变化的比率至少有可比性。在这种情况下,缩放通过重新映射到一个共同的范围解决了这个问题。通过归一化、索引或标准化等对不同变量进行缩放使它们的值大致归入相同的范围是非常重要的。

下面为将 3 种常用的缩放变量归入可比范围的方法:

- 将每个变量减去最小值之后除以最大值和最小值之间的差值,这将所有值映射到了 0~1 之间,对于一些数据挖掘算法是非常有用的;
- 将每个变量除以所取的所有值的平均值,这通常被称为"索引变量";
- 将每个变量减去平均值之后除以标准差,这通常被称为标准化或"转换为 Z 分数"。Z 分数表示一个值偏离平均值多少个标准偏差。

标准化变量只会改变其范围。与此密切相关的概念是同时对所有变量进行缩放的向量标准化。这也有一种几何解释。考虑将单个记录或观测值中的值作为向量的集合,对每个值进行缩放,使得向量的长度等于 1。将所有向量转换为单位长度突出了每个记录内部的差异而不是记录之间的差异。

4.4.2 信息加权处理

缩放处理考虑了变量中值的大小不同而引起的一个变量的变化比另一个变量的变化更重要的问题。加权的目的就是突出比其他变量更重要（或不重要）的变量。

以标准化所有的变量开始，每个变量的平均值为 0，方差（标准偏差）为 1。这样一来，当计算两个记录之间的距离时所有字段的贡献都相等。

我们进行更深入的探讨，自动聚类检测的重点是找到有意义的聚类。在缩放以消除由度量单位引起的偏差之后，基于具体的应用环境，使用权重来突出偏差。

4.5 其他聚类检测方法

基本的 K-Means 算法有很多变体[5]。许多包含自动聚类检测的商业软件工具都包含其中的一些变体。不同之处在于选择初始聚类中心点的替代方法，以及使用概率密度而不是距离来关联聚类中的记录。此外，有几种不同的聚类方法，包括聚合聚类、分裂聚类和自组织映射。

4.5.1 高斯混合模型

K-Means 算法的缺点：
- 它并不能很好地处理重叠的集合；
- 聚类很容易被离群点拉离中心；
- 给定一个集群，每条记录要么在其内部，要么在其外部。

高斯混合模型是 K-Means 的概率变体。名称来自高斯分布，概率分布经常假设高维问题。高斯分布将正态分布推广到多个变量。如前所述，算法从选择 K 个中心点开始。然而，高斯分布的均值是聚类中心点。该算法通过迭代估计和最大化两个步骤来进行。

估计步骤计算每个高斯概率分布对每个数据点的"责任"（见图 4.6）。每一个高斯概率分布都对接近它平均值的点有很强的"责任"，而对相对遥远的点"责任"较弱。在下一步骤中，"责任"被用作权重。在最大化步骤中，考虑新计算的"责任"，为每个集群计算一个新的质心。高斯概率分布的重心是通过对由该高斯概率分布的"责任"加权后的所有点进行平均来计算的，如图 4.7 所示。

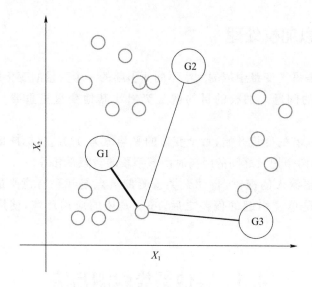

图 4.6 在估计步骤中,每个高斯概率分布都被分配了
每个点的一些"责任",较粗的线条表示较大的"责任"

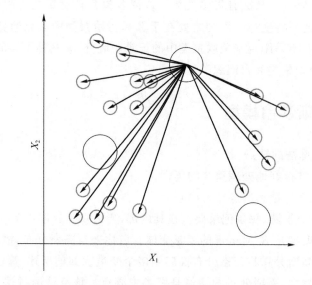

图 4.7 每个高斯概率分布的均值都被移动到用"责任"
加权每个数据点后的重心,较粗的箭头表示更高的权重

重复这些步骤直到高斯概率分布不再移动。高斯概率分布本身可以改变形状,也可以移动。然而,每一个高斯概率分布都受到约束,如果它对接近平均值的点有很大的"责任",那么"责任"将急剧下降。如果高斯概率分布覆盖更大范围的值,那么它对附近点的"责任"较小。由于概率分布之和为1,所以随着高斯概率分

布范围的变大,"责任"总是变得更小。

被称为"混合模型"的原因是每个数据点的概率是几个分布的混合值之和。在该过程结束时,每个点被以高低不同的概率绑定到了各种聚类中。这有时被称为软聚类,因为记录点不是唯一地用单个聚类识别的。这种方法的一个结果是有些点可能以很高的概率存在于多个集群中,而其他点可能以非常低的概率仅存在于某单个集群中。为改善这种结果,可以将每个点分配给其概率最高的聚类,从而将这个软聚类转化为硬聚类。

4.5.2 聚合聚类

K-Means 聚类算法从固定数量的集合开始,并将所有的记录都分配到该数量的聚类中。另一类算法是通过聚集来实现的。这种算法开始用每个数据点形成自己的集合,并逐渐将它们合并成越来越大的集合,直到所有的点都聚集在一个大的集合中。在开始过程中,聚类非常小且非常单一,每个集合的元素很少且密切相关。最后阶段,集合很大并且没有准确的定义。整个过程被保留以便选择对给定应用最有效的聚类级别。

1. 一种聚合聚类算法

第一步是创建相似度矩阵。相似度矩阵是所有成对的距离或集群之间的相似度表。最初,相似度矩阵包含各对记录之间的成对距离。如前所述,记录之间存在许多相似性度量(包括欧几里得距离)、向量之间的角度以及匹配与不匹配分类字段的比率。选择距离测量所引起的问题与关于 K-Means 方法所讨论的问题完全相同。

似乎对于 N 个数据点的 N 个初始聚类,需要 N^2 次测量计算来创建距离表。如果相似度是用真实距离度量的,那么:X 到 Y 的距离 = Y 到 X 的距离。在数学词汇中,相似度矩阵是下三角矩阵。下一步是找到相似度矩阵中的最小值,代表最相似的两个聚类。将这两个聚类合并为一个新的聚类,并通过将描述原聚类的两行替换为新的行来更新相似度矩阵,该新行描述了合并集群和剩余集群之间的距离。现在有 $N-1$ 个聚类,且在相似矩阵中有 $N-1$ 行。

重复合并步骤 $N-1$ 次,使所有记录都属于同一个大的聚类。每一次迭代都记录了哪些集群被合并以及它们之间的距离。这些信息被用来决定使用哪一个级别的聚类。

2. 聚类间的距离

关于如何测量聚类之间的距离需要更多的说明。在第一次合并步骤中,集群由单个记录组成,因此集群之间的距离与记录之间的距离相同。第二次及后续的循环过程需要更新相似度矩阵,其值为从新的、多记录的集群到所有其他集群的距离。我们如何测量这个距离？通常有多种方法可以选择。常见的3种方法是：
- 单链接；
- 完全链接；
- 重心距离。

第一种方法是**单链接**，在单链接中，两个集群之间的距离由最靠近的点之间的距离给出。此方法生成的聚类具有以下属性：集群中的每个点与至少一个集群的关系比与其他任何集群的关系更密切。

第二种方法是**完全链接**，两个集群之间的距离由其中相距最远的点确定。此方法生成的聚类具有以下属性：可知所有成员彼此之间的最大距离。

第三种方法是**重心距离**，两个集群之间的距离由其重心之间的距离表示。集群的重心是其中元素的平均值。图4.8给出了这3种方法的图形表示。

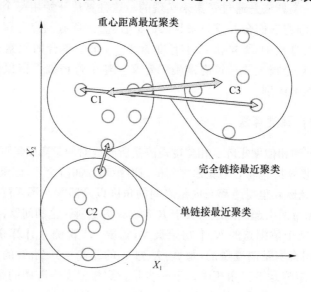

图4.8 3种方法所测量的聚类之间的距离

3．聚类和树

聚合算法创建分层聚类，在层次结构中的每个级别，聚类由下一级别的两个集群的并集形成。可视化这些聚类的一种好方法是树。这样的树看起来像第5章中讨论的决策树，但两者之间有一些重要的区别。最重要的区别是，集群树的节点不能反映聚类发生的原因，节点仅反映两个子聚类在可能集群对中的最小距离。另一个区别是创建决策树以最大化给定目标变量的叶纯度。除了每个集群内的自相似性之外，集群树没有目标。本章的后面我们将讨论分裂聚类方法。其与聚合方法类似，不过聚合方法由"叶"到"根"，而分裂聚类方法由"根"到"叶"。

4.5.3 分裂聚类

我们注意到由合并聚类法和决策树算法所产生的树有一些相似之处。尽管合并聚类法从树的枝叶到树的根部进行计算,而决策树算法从树的根部到树的枝叶进行计算,但它们所创造的树的层次结构是相似的。这种相似的层次结构反映出两种方法的另一个相似之处。在这个过程中较早做出的决定将永远不会被重新审视,这意味着早期破坏结构的分离或合并会导致一些相当简单的集群无法被发现。

在发现这两种方法所生成的树的相似性之后,我们自然会想到决策树的算法能否用于聚类。答案是肯定的,决策树算法从记录的整个集合开始,寻找在某种意义上由纯度函数定义的将其分为更简单的类别的方法。在标准决策树算法中,纯度函数使用单独的变量作为目标变量来做出此决定。将决策树转化为聚类算法需要提出一个最小化平均群内距离或最大化群间距离的纯度函数,这种纯度函数的一个例子是与母类别质心的平均距离。

在纯度函数不变的情况下,我们可以说决策树算法是一种定向聚类,即创建了与某个目标变量相似的聚类。正因如此,与本章所讨论的无定向聚类算法相比,决策树算法通常是客户类别细分的更好选择。一方面,如果客户细分的目的是找到忠诚、有利可图或可满足某些特定要求的客户群,则使用其中一个变量(或代理)作为定向聚类的目标是有意义的;另一方面,如果客户细分的目的是给不同类别的客户进行新产品开发的指导,那么无定向聚类算法会更加合适。

4.5.4 自组织映射神经网络

自组织映射神经网络是神经网络的变体,已经在诸如二维图像特征检测的应用中使用多年。最近,它在更为通用的集群分类中得到了成功应用。

4.6 评估聚类

当我们使用 K-Means 方法来进行聚类检测时,有没有一种好方法来寻找最合适的聚类数目 K 呢?相似地,当我们使用分层的方法时,有没有一种确定哪一层次包含最好的聚类的检验方法呢?到底如何才能说一个聚类是好的呢?

在实践中运用聚类方法时这些问题是很重要的。通常情况下,每个聚类中的元素应该有着高度的相似性。在几何方面表示为集群内元素间距离相近,集群之间距离较远。

衡量聚类内部相似性的标准是方差(每个元素与平均值之间离差的平方之

和),故最好的聚类集合是使其方差之和最小的集合。然而,这个衡量标准未考虑集群数量的大小。一个类似的衡量标准是使方差均值,即总方差之和除以集群大小的结果最小的聚类集合。

对于聚合聚类法而言,用方差作为衡量标准是不合理的,因为这个方法一般是从单元素集群开始的,其方差均为零。聚合聚类法中较好的衡量指标是某个聚类形成时到其被合并入下一个层次中时两者的阶段值之差。这是对于聚类方法持久性的衡量。

一个通用于各种聚类检测方法的衡量标准是将相似度度量或形成聚类的集群间距离与集群中元素的平均距离或不同集群重心之间的距离进行比较。这可以在每个集群中和整个集群集合中实现。如果有一或两个较强集群和一个较弱集群,将较强集群中的元素全部移除可能是改善结果的一个好办法。无论如何,强大的集群都值得进一步分析,消除它们的强大拉力可能会允许在留下的记录中检测到新的集群。

1. 聚类内部

聚类过程常常会产生一个或更多的较强集群——拥有较为相似元素的较大集群。问题是,是什么让较强集群更为特殊?是什么让这些集群中的元素被分到一起?更重要的是,是否有可能在数据库的其余部分的误差已经降低的情形下,找到这个集群内的规则和模式。

解决这些问题最简单的方法是获取集群中每个变量的平均值,并将其与父集群中相同变量的平均值进行比较。变量按差值或者更好地按 Z-得分的大小排序。查看显示集群与数据库其余部分之间最大差值的变量,可以很好地解释集群特殊性的原因。

2. 聚类外部

即使只找到一个聚类,聚类方法也可能有用。在筛选非常罕见的缺陷时,可能没有足够的示例来训练定向数据挖掘模型并检测它。例如测试工厂制造的发动机,聚类检测方法可用于得到仅包含良好马达的样本,以确定"正常"集群的形状和大小,当发动机由于任何原因被筛选到聚类之外时,它是可疑的。该方法已经在医学中用于检测组织样本中的异常细胞的存在,在电信中用于检测欺诈电话。

4.7 案例研究:对客户进行细分

任何一个企业都很难仅凭借自己的人力、物力和财力来满足整个市场所有用户的需求。因此,企业应该从庞大的市场消费者中筛选出它最具有吸引力、最能为之服务的客户群体,从而集中制定生产营销策略,以建立起市场优势。客户细分是指利统计方法或数据挖掘等技术分析客户数据,对客户进行细致的分类,以提供有针对性、个性化的服务,从而提高营销效率。下面利用 K-Means 算法对满足特定要求用户的历史数据进行聚类分类。基于机器学习的原理,使其属性相似的用户可以聚类在一簇,从而使得电子商务企业可以较为直观地得到不同簇类的用户特征,其研究结果对大数据背景下的用户合理分类和精准营销具有较强的参考价值。

4.7.1 数据

一般来说,客户细分所依据的数据集通常包含外在属性和内在属性两个属性。外在属性指的是客户的外在因素,如客户的地理分布、客户的归属类型——个人用户、企业用户、政府用户等。通过外在属性进行客户细分的方式简单、直观,但不够细致,依然不能确定哪些客户层面是企业最需要的,只能知道某一大类客户(如政府用户)比另一类(如个人用户)更适合营销。内在属性指的是客户内在因素所决定的属性,如性别、年龄等。

数据:选取的数据包含 200 行 5 列,对应于 200 个不同的客户和 5 个属性。属性值包括:①CustomerID,每个客户唯一的 ID;Gender,性别;Age,年龄;Annual Income(k,¥),客户的年收入;Spending Score(1~100),客户消费评分,分数越高表示消费越多。

4.7.2 数据可视化

在进行可视化之前,已经对数据进行了空值、重复值等的检测,完成了数据清洗。下面分别对客户数据的年龄、年收入和消费评分进行分布可视化。由图 4.9 和图 4.10 可以了解到,该数据集的客户年龄和年收入两项属性大致满足正偏态分布,消费评分大致满足正态分布。客户主要为女性顾客,多集中于 20~35 岁的年轻人群体。

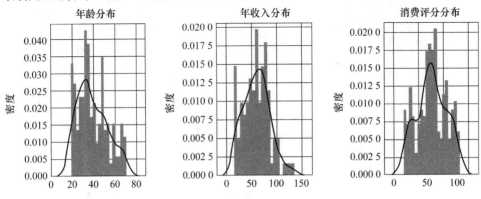

图 4.9 客户年龄、年收入和消费评分的可视化

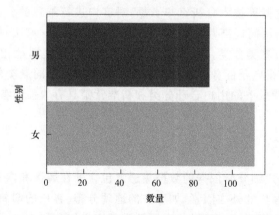

图 4.10 客户性别分布的可视化

同时对客户年龄、年收入和消费评分 3 个主要特征变量的相关性进行探索,如图 4.11 所示。可以看出年龄与消费评分呈现明显的负相关,说明年轻客户群相较于年长客户群更容易进行消费且消费额更高。年收入与消费评分之间的相关性表明年收入处于中等水平的人群所进行的消费也处于中等水平且方差较小,而年收入水平处于低水平和高水平的人群所进行的消费波动分歧较大,收入低的人群存在高消费的情况,同样收入高的人群也存在消费额不高的情况。

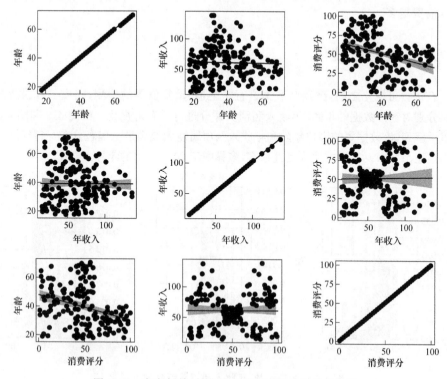

图 4.11 客户年龄、年收入和消费评分之间的相关性

4.7.3 使用 K-Means 生成聚类

经过上述数据探索、分析,下面以年收入和消费评分为依据,目的是将客户聚类实现细分。针对传统的 K-Means 算法需要人为设定 K 值的缺陷,这里利用 Python 工具里的 K-Means++算法结合拐点法给出最佳聚类 K 值。

在图 4.12 中,横轴为聚类个数的变化,纵轴为数据的惯性,即凝聚度。拐点法的原理是:在折线图的拐点处取得最佳聚类数目。其原因在于:拐点之后继续增加 K 值,分类的准确度增加不高,但会增加簇数,从而导致对数据的划分过细,影响聚类效果。从图 4.12 中可以看出,最后一个拐点出现在 Cluster 为 5 的时候。因此,下面将设置 $K=5$ 并进行 K-Means 聚类。

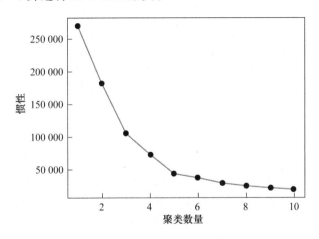

图 4.12 拐点法折线图

图 4.13 展示了聚类后的结果,图中的红点代表了每个集群的重心,因此整个客户数据按照年收入和消费评分这两个特征被分为了 5 类:

① 高收入、低支出;

② 高收入、高支出;

③ 平均收入、平均支出;

④ 低收入、低支出;

⑤ 低收入、高支出。

在进行客户细分之后,企业可以重点向"高收入、高支出"和"低收入、高支出"的客户群体营销高端产品,有利于提高总体的利润;但同时需要确保"平均收入、平均支出"的客户群体不能流失,这有利于培养企业的稳定忠实客户。

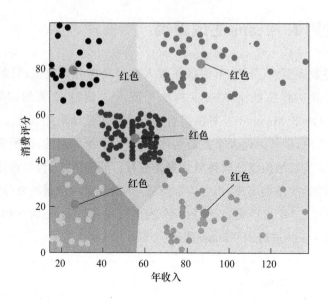

图 4.13　按年收入和消费评分的 K-Means 聚类图

本章小结

自动聚类检测是一种无定向的数据挖掘技术,可以用于了解复杂数据库的结构。通过将复杂的数据集分解为更简单的集群,自动聚类可以被用来提高许多定向技术的性能。通过选择不同的距离衡量标准,自动聚类可以被应用到几乎所有类型的数据。

聚类算法依赖于某种相似性的度量来分辨两个记录是近距离还是远距离,通常使用的是几何距离,但也有其他指标,当要聚类的记录包含非数字数据时,另外一些指标可能更合适。

K-Means 算法是用于自动聚类检测的最流行的算法之一,它是一种基于距离找到 K 个聚类的迭代方法。本章还介绍了其他几种聚类算法。高斯混合模型是 K-Means 算法思想的变体,其特点是允许重叠的聚类出现。分裂聚类法通过连续划分初始大型聚类来构建聚类树,合并聚类法从许多小聚类开始,逐渐将它们组合起来,直到只剩下一个聚类。分裂聚类法和合并聚类法允许数据挖掘者使用外部的标准来确定最后聚类树的哪个级别对于特定的应用目的最有用。

本章介绍了聚类适应度的一些技术衡量标准,但是聚类最重要的衡量标准是聚类对于实现某些商业目标的有用程度。

本章参考文献

[1] 方开泰,潘恩沛. 聚类分析[M]. 北京:地质出版社,1982.
[2] 陈燕,李桃迎. 数据挖掘与聚类分析[M]. 大连:大连海事大学出版社,2012.
[3] 李相镐,李洪兴,陈世权,等. 模糊聚类分析及其应用[M]. 贵阳:贵州科技出版社,1994.
[4] MADHULATHA T S. An overview on clustering methods[J]. IOSR Journal of Engineering,2012,2(4):719-725.
[5] ROKACH L,MAIMON O. Clustering methods[C]//Data Mining and Knowledge Discovery Handbook. New York:Springer,2005:321-352.

第 5 章
决策树分析

随着互联网的快速发展,电子商务逐渐改变了传统的经营模式。伴随着数据分析方法成为研究热点,很多企业投入大量精力研究数据挖掘等技术。决策树是数据挖掘中一种功能强大、应用广泛的分类和预测工具[1]。作为基于树的算法,它的魅力在于使用树结构表示各种可能的决策路径和每条路径的结果。决策树不仅能够提供很多建议,并且非常易于理解和解释,同时,进行推断的过程还是完全透明的。此外,决策树在探索数据特征方面也很有用,可用来研究输入变量与目标变量之间的关系。

决策树算法已经应用于许多商业公司,是否使用决策树进行挖掘分析需要根据具体的应用分析目标,广义来说任何一个行业都可能出现适合决策树的应用分析目标,比如,在用决策树进行用户分级评估的时候,凡是积累了一定量的客户资源和数据,涉及对自己行业客户进行深入分析的企业和分析者都可能具备使用决策树的条件。决策树的应用往往是和某一应用分析目标和场景相关的,比如,金融行业使用决策树做贷款风险评估,保险行业使用决策树做险种推广预测,医疗行业使用决策树生成辅助诊断处置模型,等等。当一棵决策树的应用分析目标和场景确定时,那该应用分析目标和场景所处的行业也就自然成为决策树的应用领域。

多数人都将决策树分为分类决策树(classification tree,它输出的是判决结果)和回归决策树(regression tree,它输出的是数值结果)[2]。本章我们将重点介绍分类决策树。

5.1 决策树的含义

决策树是一种特殊的结构,它可以通过应用一系列简单的决策规则将较大的集合分成连续较小的集合。随着每次连续的划分,结果集的成员变得越来越相似。

决策树模型由一组规则组成，根据特定目标变量将一个庞大的异质群体划分为更小更同构的群体。决策树可以用 Carolus Linnaeus 和跟随他的几代分类学家的方法手动构建，或者可以通过将几种决策树算法中的任何一种应用于由预分类数据组成的模型集来自动生成。其目标变量通常是可分类的，决策树模型用于计算给定数据属于每个类别的概率，或通过将数据分配给最可能的类别来对数据进行分类。

举个例子，任何熟悉"二十问"游戏的人都可以轻松地理解决策树如何对数据进行分类[3]。在游戏中，一个玩家想出一个其他参与者都知道的地方、人或事物，但不会直接把答案说出来。其他玩家通过询问一系列是或否的问题来试图发现答案是什么。从"它比面包机大吗？"到问题的答案"金门大桥"，一个优秀的玩家不必问满 20 个问题就能得到想要的答案。决策树代表了这样一系列问题。与游戏中一样，第一个问题的答案决定了后续问题的发展。最初的问题引出了包含许多成员的一个大类别，后续问题将大类别划分为越来越小的集合。如果选择了合适的问题，一个简短的序列就足以准确地对输入数据进行有效的分类。

"二十问"游戏展示了使用决策树将评分或类别附加到数据的过程——数据在根节点处进入决策树，根节点通过测试以确定数据接下来将遇到哪个子节点。不同的初始测试对应不同的算法，但目标始终相同：选择最能区分目标类别的测试。重复此过程，直到数据到达叶节点，在决策树给定叶子节点处结束的所有数据都以相同的方式进行分类，这样从根到每片叶子都有一条独特的路径，该路径表达了对数据进行分类的规则。

5.2 决策树的生成

5.2.1 寻找分裂

尽管决策树算法有多种变化，但它们都有一个相同的基本过程：重复地将数据分成更小的组，使得每个子代新节点的不纯度都低于其父辈的不纯度。决策树构建初始时存在一个由预先分类好的记录组成的训练集——也就是说，目标变量的值在所有情况下都是已知的。我们的目标是构建一棵树，这棵树能根据输入变量的值将新记录进行分类。

构建树的过程需要根据函数或者输入在每个节点对记录进行分裂。因此，重点是确定哪个函数或者输入作为最佳分裂。最佳分裂能够很好地将记录分组，其中单个类别在每个组中均占主导地位。

决策树生成的核心问题为：如何选择节点特征和特征分裂点？要回答上述问

题,我们首先介绍不纯度的概念。不纯度用来表示落在当前节点的样本的类别分布的均衡程度。决策树分裂节点的目标是使得节点分裂前后,样本的类别分布更加不均衡,也就是不纯度需要降低。因此,每次分类节点时,我们选择使得节点分裂前后,不纯度降低最多的特征和分裂点。高不纯度意味着该集合包含具有代表性的分类(相对于父节点),而低不纯度意味着单个类的个体占主导地位。好的分裂是能够最大限度地降低记录不纯度的分裂。好的分裂还可以创建容量类似的节点,或者至少不会创建包含很少记录的节点。

这些我们可以很容易地从图 5.1 中看出。图 5.1 说明了一些好的和坏的分裂。

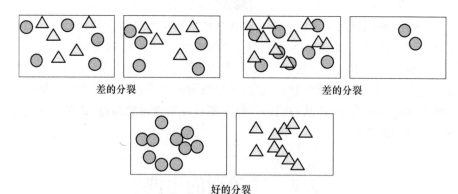

图 5.1 好的分裂可以降低所有子代的不纯度

第一次分裂效果较差,因为分裂后不纯度没有降低。初始种群中数量相等的两个点分裂后每个子节点的不纯度同样没有降低。第二次分裂效果也较差,因为尽管不纯度略有降低,但纯节点(右侧)的成员很少,只有两个,而较大的子节点(左侧)的不纯度仅略优于父节点。最后一次分裂效果很好,因为它使得子节点的大小大致相同,并且不纯度远低于父节点。

依次测量每个输入变量带来的分裂所导致的不纯度变化,这是决策树算法的核心。在尝试了所有输入变量之后,产生最佳分裂的一个变量被用于初始分裂,创建两个或更多个子节点。如果不可能再进行分裂(因为数据记录太少),或者没有分裂能带来改进,那么算法就以该节点结束,该节点成为叶节点。否则,该算法继续重复对每个子节点进行拆分。以这种方式重复自身的算法称为**递归算法**。

分裂基于目标变量对节点不纯度的影响来评估。这意味着选择适当分裂的准则取决于**目标变量**的类型,而不是**输入变量**的类型。对于一个分类的目标变量,无论提供分裂的输入变量是分类型的还是数值型的,使用 Gini 指数、信息熵或误分率等都可以进行评估。

5.2.2 度量不纯度的方法

不纯度测量范围从 0(当样本中没有两个项目属于同一类时)到 1(当样本中的所有项目都属于同一类时),可以通过从 1 中减去它来转化为多样性测量。用于评估决策树分裂的一些方法将最低分值分配给纯节点,其他的方法则给纯节点分配最高的分值。本书将所有这些作为不纯度测量方法,目的是通过最小化或最大化所选择的测量来优化不纯度。

在银行贷款时,银行需要根据借贷人的基本信息(如收入、教育程度、婚姻状态等)对是否放贷进行决策。银行依据的规则可能如下。

规则 1:若借贷人收入高,则借贷人不会违约。

规则 2:若借贷人收入中等且为本科或研究生学历,则借贷人不会违约。

规则 3:若借贷人收入中等且为高中及以下学历,则借贷人会违约。

规则 4:若借贷人收入低,则借贷人会违约。

银行的上述决策规则可以表示成一个树形结构,如图 5.2 所示。其中,树中的每一个非叶子节点都代表某个特征上的一次提问。一次提问包含两个层次的问题:第一个问题是在哪个特征上进行提问,例如针对教育程度进行提问;第二个问题是在该特征上进行怎样的提问,例如"研究生学历?""本科学历?"或"高中及以下学历?"。树中的叶子节点代表决策的结果,决策结果是根据树的根节点到该叶子节点的路径上的一系列问题决定的。

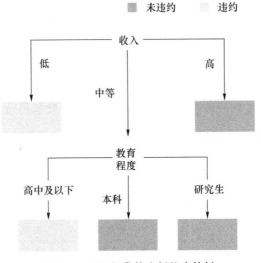

图 5.2 以银行贷款为例的决策树

如图 5.3 所示,假设在节点分裂前的数据集为 $D_0=\{1,2,3,4,5,6,7,8,9,10\}$,分别用编号表示样本。对于银行贷款数据集,我们以特征"收入"和"教育程度"进行节点分隔为例。第一种方式选择特征"收入",节点分裂后数据集分为 D_1、D_2 和 D_3 三部分,记为 D_{123}。第二种方式选择特征"教育程度",节点分裂后数据分为 D_4、D_5 和 D_6 三部分,记为 D_{456}。

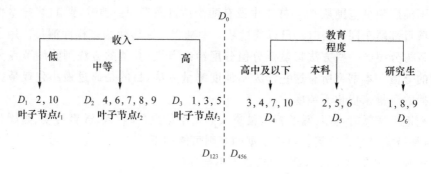

图 5.3　根据不纯度选择特征和对应的分裂点

那么,究竟如何度量节点的不纯度呢?下面我们介绍 3 种常见的节点纯度度量方法:Gini 指数(Gini index)、信息熵(entropy)和误分率(misclassification error)。

1. Gini 指数

Gini 指数是 20 世纪初意大利学者 Corrado Gini 用来判断社会收入分配公平程度的指标,它能够反映社会中各个收入水平的人群数量分布的均衡程度[4]。在决策树场景下,人们借用 Gini 指数来度量决策树中落在某一个节点的不同类别样本分布的不纯度。假设数据集一共有 C 类,在节点 t 中第 c 类样本的相对频率为 $p(c|t)$,则节点 t 的 Gini 指数为

$$\text{Gini}(t) = 1 - \sum_{c=1}^{C} [p(c|t)]^2 \tag{5.1}$$

当节点中属于每个类别的样本数均匀分布时,Gini 指数取得最大值 $1-\dfrac{1}{C}$,此时节点不纯度最大;当样本全部属于一个类别时,Gini 指数取得最小值 0,此时节点不纯度最小。下面我们给出一个银行贷款数据的示例,如表 5.1 所示。在银行贷款数据集中 $C=2$,如图 5.2 所示。

表 5.1　银行贷款数据示例

编号	性别	收入	教育程度	婚姻状态	是否违约
1	男	高	研究生	未婚	未违约

续表

编号	性别	收入	教育程度	婚姻状态	是否违约
2	男	低	本科	已婚	违约
3	女	高	高中及以下	未婚	未违约
4	女	中等	高中及以下	已婚	未违约
5	男	高	本科	已婚	未违约
6	男	中等	本科	已婚	违约
7	男	中等	高中及以下	已婚	未违约
8	女	中等	研究生	未婚	违约
9	女	中等	研究生	未婚	违约
10	男	低	高中及以下	未婚	违约

若按照"收入"对根节点进行分裂,则 3 个叶子节点的 Gini 指数计算示例如下:

$$\text{Gini}(t_1)=1-\left(\left(\frac{2}{2}\right)^2+\left(\frac{0}{2}\right)^2\right)=0$$

$$\text{Gini}(t_2)=1-\left(\left(\frac{3}{5}\right)^2+\left(\frac{2}{5}\right)^2\right)=0.480 \quad (5.2)$$

$$\text{Gini}(t_3)=1-\left(\left(\frac{0}{3}\right)^2+\left(\frac{3}{3}\right)^2\right)=0$$

我们已经介绍了如何通过一个节点 t 中不同类别样本的数量来计算 Gini 指数。现在,假设节点 t 中样本数为 n,节点 t 经过某种方式分裂后生成了 K 个子节点,其中第 k 个子节点 t_k 中的样本数为 n_k。对于每一个子节点 t_k,我们同样可以使用式(5.1)计算其 Gini 指数 $\text{Gini}(t_k)$。通过对每一个子节点的 Gini 指数根据其所包含的样本数进行加权,可以得到分裂后的 Gini 指数为

$$\text{Gini}_{\text{split}} = \sum_{k=1}^{K} \frac{n_k}{n}\text{Gini}(t_k) \quad (5.3)$$

对于不同的分裂方式,我们总是选择使得 Gini 指数下降值($\text{Gini}(t_0)-\text{Gini}_{\text{split}}$)最大的分裂方案,其中 t_0 为根节点。易知 $\text{Gini}(t_0)=1-\left(\left(\frac{5}{10}\right)^2+\left(\frac{5}{10}\right)^2\right)=0.500$。由式(5.3)可以得到根据特征"收入"分隔后的 Gini 指数为

$$\text{Gini}_{\text{split}}=\frac{2}{10}\times 0+\frac{5}{10}\times 0.480+\frac{3}{10}\times 0=0.240 \quad (5.4)$$

则分裂的 Gini 指数下降值为 $\text{Gini}(t_0)-\text{Gini}_{\text{split}}=0.260$。同理可以计算出根据特征"教育程度""婚姻状态"和"性别"分裂根节点后的 Gini 指数下降值分别为 0.173、0.020 和 0,特征"收入"的 Gini 指数下降值最大,所以我们选择特征"收入"进行分裂。

在分裂根节点之后,我们发现在"中等"取值的叶子节点包含了违约样本和未违约样本。所以我们还需要对叶子节点再次进行分裂,选择特征的依据与分裂根节点时类似,由此我们得到完整的决策树,最终的叶子节点只包含一类样本,如图 5.4 所示。

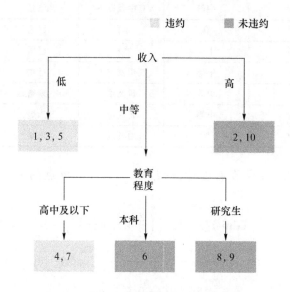

图 5.4 根据 Gini 指数得到的完整决策树

2. 信息熵

在信息论中,信息熵是用来描述信息不确定度的一个概念。在决策树场景下,研究者用信息熵来度量一个节点样本分布的不纯度。假设数据集一共有 C 类,节点 t 中第 c 类样本的相对频率为 $p(c|t)$,则节点 t 的信息熵为

$$\text{Entropy}(t) = -\sum_{c=1}^{C} p(c|t) \log_2 p(c|t) \tag{5.5}$$

当节点中的样本均匀分布在每一个类别时,信息熵取得最大值 $\log_2 C$,说明此时节点的不纯度最大。当所有的样本属于某一个类别时,熵取得最小值 0,说明此时节点的不纯度最小。对于表 5.2 中的 3 个示例节点,其熵的计算如下:

$$\text{Entropy}(t_1) = -\frac{2}{2} \times \log_2 \frac{2}{2} - \frac{0}{2} \times \log_2 \frac{0}{2} = 0$$

$$\text{Entropy}(t_2) = -\frac{3}{5} \times \log_2 \frac{3}{5} - \frac{2}{5} \times \log_2 \frac{2}{5} \approx 0.971 \tag{5.6}$$

$$\text{Entropy}(t_3) = -\frac{0}{3} \times \log_2 \frac{0}{3} - \frac{3}{3} \times \log_2 \frac{3}{3} = 0$$

表 5.2 不同节点中两个类别的样本数

节点编号	违约样本数	未违约样本数
t_1	2	0
t_2	3	2
t_3	0	3

在上述计算中我们定义 $0\log_2 0=0$。基于节点信息熵的定义,我们可以计算节点分裂前后信息熵的下降值,称为信息增益(information gain):

$$\text{InfoGain} = \text{Entropy}(t_0) - \sum_{k=1}^{K} \frac{n_k}{n} \text{Entropy}(t_k) \tag{5.7}$$

对于当前节点,如果有多个分裂节点的方案,我们以信息增益作为评价分裂方案好坏的标准,选择信息增益最大的分裂方案。在实际应用过程中,信息增益倾向于将决策树的节点分裂成很多的叶子节点(节点的样本数较小),从而容易造成过度拟合问题。

一种克服上述缺点的方法是使用节点分裂的子节点的样本数信息对信息增益进行修正。假设节点 t_0 包含 n 个数据,经过分裂生成 k 个子节点,子节点中的样本数分别为 $\{n_1, n_2, \cdots, n_K\}$,则这次分裂信息为

$$\text{SplitInfo} = -\sum_{k=1}^{K} \frac{n_k}{n} \log_2\left(\frac{n_k}{n}\right) \tag{5.8}$$

然后,使用信息增益率(information gain ratio)代替信息增益作为评价分裂好坏的标准:

$$\text{InfoGainRatio} = \frac{\text{InfoGain}}{\text{SplitInfo}} = \frac{\text{Entropy}(t_0) - \sum_{k=1}^{K} \frac{n_k}{n}\text{Entropy}(t_k)}{-\sum_{k=1}^{K} \frac{n_k}{n} \log_2\left(\frac{n_k}{n}\right)} \tag{5.9}$$

信息增益率通过分裂信息对信息增益进行调整,能避免节点分裂成很多数量的叶子节点。

3. 误分率

误分率是另外一种度量节点不纯度的方法。假设数据集一共有 C 类,在节点 t 中第 c 类数据的相对频率为 $p(c|t)$,则节点 t 的误分率为

$$\text{Error}(t) = 1 - \max(p(1|t), p(2|t), \cdots, p(C|t)) \tag{5.10}$$

误分率所代表的含义为,当按照多数类来预测当前节点样本的类别时,被错误分类的数据的比例。当样本均匀地分布在每一个类别时,误分率取得最大值 $1 - \frac{1}{C}$,说明不纯度最大。当样本都属于某一个类别时,误分率取得最小值 0,说明不

纯度最小。对于表 5.2 中的 3 个示例节点，其误分率的计算如下：

$$\text{Error}(t_1) = 1 - \max\left(\frac{2}{2}, \frac{0}{2}\right) = 0$$

$$\text{Error}(t_2) = 1 - \max\left(\frac{3}{5}, \frac{2}{5}\right) = 0.400 \tag{5.11}$$

$$\text{Error}(t_3) = 1 - \max\left(\frac{0}{3}, \frac{3}{3}\right) = 0$$

对于二分类问题，假设正类样本的相对频率为 p，则负类样本的相对频率为 $1-p$。此时，上述 3 种不纯度度量指标分别为

$$\begin{aligned}
&\text{Gini}(p) = 2p(1-p) \\
&\text{Entropy}(p) = -p\log_2 p - (1-p)\log_2(1-p) \\
&\text{Error}(p) = 1 - \max(p, 1-p)
\end{aligned} \tag{5.12}$$

对比 3 种不纯度度量标准，当相对频率为 0 或者 1 时候，分类效果最好，不纯度都为 0；当相对频率在 0.5 附近时，分类效果最差，3 种衡量方法都达到最大值。在升高过程中，在 p 相同的情况下，用信息熵度量的不纯度最大，对不佳分裂行为的惩罚也最大。

5.3 修剪决策树

利用一组训练数据找出"最优"决策树是一个非常艰巨的计算问题[4]（考虑计算量的问题，我们这里要建立的是一棵足够好的决策树，而非最优决策树。即便如此，当数据集变大时，计算量仍旧会面临挑战）。更重要的是，建立决策树模型时非常容易出现对训练数据的严重过拟合现象，从而导致模型对于未曾见过的数据的效果大打折扣。

只要有可以把训练集中的记录分成更加纯净的子集的分裂，决策树就会不断增长。决策树会一直优化训练集，因此去掉任何叶子只会增加训练集分裂的错误率。

决策树算法首先对包含大量记录的根节点进行最合适的分裂。当节点变得越来越小时，则节点的特定训练集中记录的特征决定了分裂过程。这可以理解为决策树在较大节点使用一般分裂方式，而在较小节点使用针对特定训练集的分裂方式；也可以理解为，树对训练集过拟合。这种结果导致决策树不稳定，无法做出良好的预测。解决的方法是通过合并较小的树叶消除不稳定的分裂，这个过程叫做修剪。常见的修剪方法如下：

5.3.1 CART 算法

CART(classification and regression tree,分类和回归树)算法是一种流行的决策树算法,最初由 Leo Breiman、Jerome Friedman、Richard Olshen 和 Charles Stone 在 1984 年发表。CART 算法是一个二叉树增长并且只要有新的分裂可以增加纯度就会不断地进行分裂的过程。正如图 5.5 所示,一棵复杂的决策树会有许多更简单的子树,每一棵子树都代表着对模型复杂性与训练集错误率的不同权衡。CART 算法找出一系列这种子树作为候选模型。将这些候选子树应用于验证集,把具有最低错误率的验证集作为最终的模型。

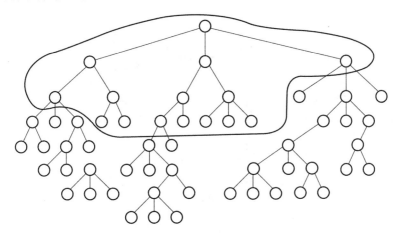

图 5.5 在一棵复杂的决策树里有更简单、更稳定的树

1. 建立候选子树

CART 算法通过重复修剪的过程来找到候选子树。CART 算法的目标是首先修剪那些叶子预测能力最差的分支。为了找到这些分支,CART 算法依赖于一个叫做调整错误率的概念。这是一种根据树中叶子的数量,对每个节点施加复杂度惩罚,从而提高训练集上每个节点的误分类率的方法。调整后的错误率用于识别弱分支(误分类率不够低,不足以克服惩罚的分支),并标记它们进行修剪。

计算调整错误率的公式为

$$AE(T) = E(T) + \alpha \text{leaf\_count}(T) \tag{5.13}$$

其中 α 为调整因子,它逐步增加以创建新的子树。当 α 为 0 时,调整错误率等于错误率。为了找到第一棵子树,随着 α 逐渐增加需要计算包含根节点的所有可能子树的调整错误率。当某些子树的调整错误率小于或等于完整决策树的调整错误率时,我们就找到了第一棵候选子树 α_1。修剪所有不属于 α_1 的分支,然后再次重复这个过程。修剪 α_1 决策树是为了创建 α_2 决策树,当决策树一直修剪到根节点时进程结束。每一棵得到的子决策树(也叫做 α)都是最终模型的候选之一。所有候选者都包含根节点,最大的候选者是整棵决策树。

2. 挑选最优子树

下一个任务是从一系列候选子树中挑选最适合新数据的子树,这正是验证集的目的。每一棵候选子树都对验证集中的记录进行分类。任务总体错误率最低的决策树为最优者。为避免过度训练的影响,已经有效修剪了最优子树,但也没有过多地丢失掉有用信息。图 5.6 所示的图说明了剪枝对分裂精度的影响。

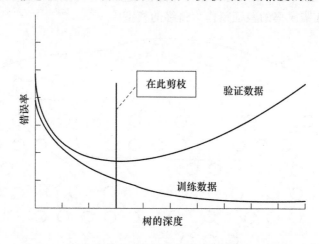

图 5.6　修剪要选择在验证集中错误率最小化的决策树

因为修剪算法仅以误分类率为基础,未考虑每一种分裂的可能性,它将叶子都属于同一分类的子树替换为同样进行该分裂的共同父节点。在目标是选择一小部分记录(例如前 1% 或 10%)的应用程序中,这种修剪算法可能会损害树的性能,因为一些被删除的叶子包含目标类别的比例很高。

3. 使用测试集评估最终决策树

最优子树是根据其应用于对验证集进行分类时的总体错误率来选择的。虽然我们希望挑选的子树在应用到其他数据集时仍然是表现最好的子树,但是以错误率为基准来选择它可能会略微夸大其有效性。可能会存在许多子树其效果和选中的那棵树差不多。在某种程度上,基于验证集中最低错误率的判断方法,这些子树可能仅是"走运"碰到特定的记录集。

注意不要通过模型在验证集上的提升率或错误率来评估其表现。就像训练集,它已经用于创建模型,因此它将夸大模型的精度。一定要在测试集上测量模型的精度,测试集来自的总体要与训练集和验证集来自的总体一样,并且没有以任何形式参与模型的建立。

5.3.2 C5 修剪算法

C5 中决策树增长情况与 CART 中决策树增长情况相似（尽管与 CART 不同，C5 对类别变量进行多方向分裂）。与 CART 算法相同，C5 算法首先生成一棵过度拟合的决策树，然后对其的进行修剪以得到一个更稳定的模型。然而两者的修剪方式有很大的区别。C5 不使用验证集来挑选候选子树，其修剪树依据的数据与树生长依据的数据相同。

下面介绍**消极修剪**。

C5 通过每个检测每个节点的错误率来对决策树进行修剪，它假设真实的错误率实际上更糟糕。如果到达一个节点有 N 条记录，其中有 E 条记录分类错误，则该节点的错误率为 E/N。树生长算法的重点在于最小化这个错误率，所以算法假设 E/N 是所有情况中最好的。

C5 使用统计抽样的方法来类比估计叶子上可能出现的最大错误率。这种类比认为叶子上的数据代表了一系列试验的结果，每个试验都有两个可能的结果（通常以头和尾为例）。

有趣的是统计学家们至少从 1713 年——雅各布·伯努利（Jakob Bernoulli）死后发表著名的二项式公式的那一年——就开始研究这种特殊情况。因此可以借助一些著名的公式来确定在 N 次试验中观察到 E 次事件的意义。特别地，有一个公式可以对于给定的置信水平给出置信区间 E 的期望值范围。C5 假设训练数据上的观测误差数是这个范围的下界，用未见数据中的 E/N 代替上界，以此得到树叶的期望错误率。节点越小，错误率越高。当一个节点的上界估计错误数小于其子节点的估计错误数时，则对子节点进行修剪。

5.4 从决策树中提取规则

当决策树主要用于获取分数时，很容易忘记决策树实际上是一系列规则的集合。如果我们使用数据挖掘的工作目的是理解问题及其相关领域，那么将决策树中巨大的规则混乱减少到更小、更容易理解的集合是非常有意义的。

当决策树用于生成分数时，大量叶子的存在是有利的，因为每个叶子都会生成不同的分数。而当目标是生成规则时，规则越少越好。幸运的是，通常可以将复杂的树分解为一系列较小的规则集。

为达到上述目的，第一步是将指向相同分类叶子的路径合并。从图 5.7 中的部分决策树可以得到以下规则：

观看比赛并且主队赢了就和朋友出去喝啤酒。
观看比赛并且主队赢了就在家喝牛奶。
观看比赛并且主队输了就出去和朋友喝啤酒。
观看比赛并且主队输了就在家喝无糖可乐。

这两条预测喝啤酒的规则可以通过消除对主队输赢的检验而结合起来。这个测试对于喝牛奶还是无糖可乐很重要，但与喝啤酒无关。更简单的规则是：看比赛然后出去和朋友喝啤酒。

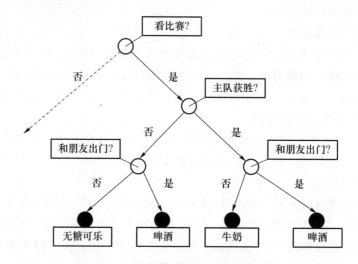

图 5.7　多条路径得出相同的结论

到目前为止尚未出现问题或情况，因为没有信息丢失，但 C5 的规则生成器可以做到更多。它试图通过删除子句来推广每个规则，然后使用与最初修剪树时相同的悲观错误率假设，比较更简短的新规则与原始规则的预测错误率。通常，多个不同叶节点的规则可以归纳为同一个规则，因此由这个过程得到的结果的规则数量比决策树的叶节点要少。

在决策树中，每条记录都在一个叶子上结束，因此每条记录都有一个明确的分类。然而，在规则泛化过程之后，可能存在不互斥的规则和不被任何规则覆盖的记录。当多个规则都适用时，简单地选择一个规则可以解决第一个问题。第二个问题就需要引入一个默认类别，规则未涵盖的任何记录都分配到这个类别里。通常选择最常出现的类别作为默认类别。

一旦已经创建了一系列通用规则，C5 算法就会将针对每个类别的规则组合到一起，并排除那些看起来对整个规则集的准确性贡献不大的规则。其最终的结果是获得了少量易于理解的规则。

本章小结

决策树方法广泛地适用于数据探索、分类和得分。其还可用于估算连续值,因为决策树会产生"块状"估计——到达同一叶子的所有记录被分配相同的估计值。

总之,决策树模型容易产生一个过于复杂的模型,这样的模型对数据的泛化性能会很差。这就是所谓的过拟合,一些策略像剪枝、设置叶节点所需要的最小样本数或者设置数的最大深度就是避免出现该问题的有效方法。同时决策树可能是不稳定的,因为在数据中的微小变化可能会导致完全不同的树生成。这个问题可以通过决策树的集成来得到缓解。而在多方面性能最优和简单化概念的要求下,学习一棵最优决策树通常是一个 NP 难问题。因此,实际的决策树学习算法基于启发式算法,例如在每个节点进行局部最优决策的贪心算法,这样的算法不能保证返回全局最优决策树。如果某些类在问题中占主导地位会使得创始的决策树有偏差,因此建议在拟合前先对数据集进行平衡。

而当数据挖掘任务是分类或是离散结果的记录或预测时,它们是一个很好的选择。当目标是将每条记录都分配给几个大类之一时,可以使用决策树。当目标是生成可解释的规则的时候,决策树也是一个很好的选择。决策树生成规则的能力可以被转换成可理解的自然语言或 SQL,也是其最大优势之一。即使在复杂的决策树中,沿着树中的任何一条路径到达特定的叶子通常也是相对容易的。所以决策树对任何特定分类或预测的解释都是相对简单易懂的。

本章参考文献

[1] 欧高炎,朱占星,董彬,等. 数据科学导引[M]. 北京:高等教育出版社,2017.
[2] GRUS J. 数据科学入门:基于 Python 语言[M]. 影印版. 南京:东南大学出版社,2020.
[3] BERRY M J A, LINOFF G S. Data Mining Techniques: for Marketing, Sales, and Customer Relationship Management[M]. 2rd. Indianapolis, Indiana:John Wiley & Sons Inc. ,2004.
[4] GINI C. Variabilita e mutabilita[M]. Bologna:Tipografia di Paolo Cuppini,1912.

第 6 章

生 存 分 析

生存分析起源于医学研究和制造中的失效分析,但其概念对市场营销的适用性,使得其对于了解客户非常有价值[1]。生存分析能告诉我们作为公司方,何时应该担心客户做一些公司不期望的事情,例如终止他们与公司的商业关系。它还能告诉我们哪些因素与哪些事件最为相关,风险和生存曲线还能提供客户及其生命周期的快照,告诉我们诸如"这个客户在未来离开的可能性有多大"或"这个客户最近都没有购买,是否该开始担心该客户不会再光顾"之类问题的答案。

生存分析法主要关注客户行为中最为重要的一个方面——与企业维持商务关系所需要的时间。客户多久能提供大量资料,尤其是有关具体商业问题的资料客户将来能够维持多长时间是个谜,但过去客户的表现有助于揭开这一神秘面纱。几乎所有的公司都意识到客户忠诚的重要性。我们将在这一章之后的内容中了解到客户忠诚的指导原则就是客户逗留的时间越长,其在将来某一时刻离去的机会便越少——这实际上就是对风险的说法。

然而市场营销领域与医学研究领域却稍有不同,一方面我们的行为后果没有那么恐怖,病人可能会因为治疗不良致死,但营销的结果只是钱多钱少而已;另一方面的重要区别在于数据量,大规模的医学研究共有几万人参加,而且很多结论只是来自成百上千人。在尝试测定平均故障间隔时间(MTBF)或平均故障时间(MTFF)时,也就是为了测定价格昂贵的机器用多久就出一次故障时,一般都要根据几十次故障得出结论。

本章介绍了生存分析与风险的相关术语与概念,表明了生存分析法在商务营销领域的高度适用性和高效性,并提供了两个不同方向的实例,以便于读者了解生存分析在商务营销中的具体应用。

第6章 生存分析

6.1 生存分析简述

在与客户相关的商业世界里,客户数据库一般都会收录数以百万计的新客户及老客户的数据。在生存分析中,很多统计分析都集中在挖掘数百个数据点中的某个信息上。在数据挖掘的应用中数据量很大,以至于管理海量数据的顾虑代替了对置信度、准确性等统计方面的重视。

生存分析的意义是为了解时间-事件的特点提供途径,如:
- 客户何时可能流失;
- 客户将移入新客户群的时间;
- 下一次客户将会扩大或缩小客户关系的时机;
- 影响客户关系中客户增加或减少保持商业关系时间的因素;
- 各种因素对维持商业关系所需时间长短的定量影响。

这些对客户的分析都会直接体现在营销过程当中,而生存分析能够让人们知道不同客户群的潜在留存时间,并依此来推算这些市场的潜在利润[2];也可考虑老客户流失、新客户加入等因素来预测客户人数;同时也能判断不管是客户关系初期经验还是后期经验,什么因素对于客户停留时间最有影响。而且生存分析还可用于商业关系中的其他事项上,由此可决定什么时候再不可能出现,如客户回到站点等其他事件。

生存分析良好的开端就是直观地展示客户保持情况,即对生存分析做了大致估计。在这之后我们又接着讨论了存在的基石——风险。它还要和生存曲线组合在一起,类似于维持曲线,但是更有用。

生存分析是一种数据分析的统计流程,它关注的是直到事件发生的时间。在商务营销中,时间一般指客户保留的时间,如数年、数月、数周或数天。事件可以指订阅、购买等商业行为的发生或者是任何可能发生在个体身上的令人感兴趣的事情。以客户流失为例:将客户下首单日期当作"出生"时刻,客户注销(或长时间不下单)日期当作"死亡"时刻(客户流失),两者相减即客户的生存时间。当研究客户流失与时间的关系时我们往往会在意,什么样性别与年龄的客户,在什么样的消费力水平下,面对什么样的促销力度诱惑,结合什么样的召回手段,会产生什么样的"生存时间"。带着这些疑问,继续看下去,生存分析能够给我们答案。

6.1.1 保留与保留曲线

保留在商务营销中可以理解为客户的维持效果分析,如客户会维持多久,这个

看似简单的问题到了现实生活中会变得更加复杂。简单来说,想要了解客户维持的时间需要以下两条信息:

- 客户开始商业关系的时间;
- 客户终止商业关系的时间。

这两个值之差就是客户的生命周期,客户的生命周期对于客户保留效果是很好的一个衡量要素。一旦保留期可以被计量,它们就可以被绘制在保留曲线上,保留曲线展示了在特定时期内保留的客户比例。保留曲线可以揭示市场营销的很多潜在因素。如图 6.1 所示,可以明显地看出不同组别之间保留时间的不同。这些区别可以被量化,简单的方法就是看特定时间点上的保留。例如,十年之后仍然保留 19% 的普通客户,并且他们中只有大约三分之一在五年后仍然保留。而高端客户的保留率则更高,超过一半的高端客户在五年后仍然保留,42% 的高端客户有至少十年的客户寿命。

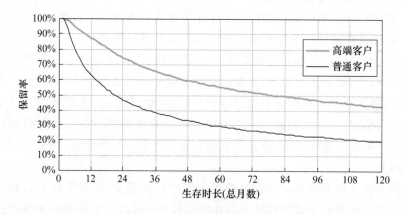

图 6.1　保留曲线显示了高端客户会保留得更久

在保留曲线中可以看出一半的客户离开需要花多长时间,即客户生命周期中值(以下简称"中值"),也叫客户半衰期。中值是一种有效的衡量标准,因为极少数生命周期很长或者很短的客户不会影响到它。一般来说,中值对一些异常值不是特别敏感。

客户半衰期是指恰好保留了 50% 的客户的点,在图上表示为存活率为 50% 的水平线和保留曲线的交点。图 6.1 也说明了如何利用保留曲线去找客户半衰期,两组的客户半衰期展现了比十年间的客户存活率更加明显的区别——高端客户有接近七年的寿命中值,然而普通客户的中值大约比高端客户少 2 年。

客户半衰期在客户群对比上很有用而且容易计算,但它并没有回答一个重要的问题:"这段时间内客户的平均价值是多少?"回答这个问题需要单位时间客户的平均价值和所有客户的平均保留。中值无法提供这些信息,因为中值只用来描述发生在中间客户身上的事情,即恰好排在 50% 这一水平线上的客户,要想知道客户平均价值则需要对所有客户的平均剩余寿命进行估计。

有一个简单的方法可以用来计算平均剩余寿命:这一期间内的平均客户寿命就是保留曲线下的面积。客户保留曲线下的面积就是曲线中时段的平均客户寿命。例如,一个包含两年数据的保留曲线,曲线下的面积就代表着两年的平均保留期。可以采取近似矩形的方式来更简便地估算面积。

回看一下本章前面提及的保留曲线,这些保留曲线记录了十年的数据,所以这些曲线下面的面积就是前十年内平均客户寿命的估计。对于那些十年仍然保持活跃的客户,没有办法知道他们是否会在十年多一天全部离开,或者他们是否都会再逗留几十年。为此,确定直到所有客户都离开后的真实平均值是不可能的。这个被统计学家称为截断平均寿命值,是非常有用的。如图 6.2 所示,高端客户有平均约 6.1 年的十年内寿命;普通客户有约 3.7 年的平均寿命。如果我们说一位客户平均一年价值 100 元,那么在他们开始后的十年里,高端客户的价值就比普通客户多 610-370=240 元,或者说大约每年 24 元。这 24 元代表了特别为高端客户设计的营销方案的回报,也为制定高端客户营销方案的花费预算给定了一个上限。

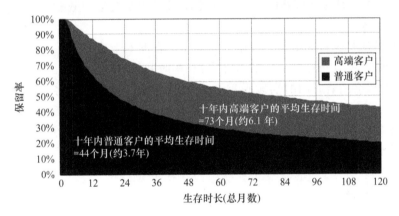

图 6.2　不同组别客户的平均客户寿命可以用保留曲线下的面积来比较

除了前文讲的绘制保留曲线的方法,也可以从其他的角度绘制保留曲线,如:
- 计算 1 周前开始的客户的保留率,对应 1 周前保留率;
- 计算 1 周前开始的客户的保留率,对应 2 周前保留率;
- 依此类推。

图 6.3 展示了一个基于此方法的保留曲线的例子。该曲线的总体形状看起来正常。但曲线本身是锯齿状的,这可能有点奇怪。举个例子来说,10 周的客户保留率比 9 周的客户保留率要高,这违背了保留的概念。或许有人会问:"客户在开始后的前 10 周的平均保留率可能会超过他前 9 周的平均值,难道是客户又回来了吗?"

类似这样的问题是由曲线创建方式的不同导致的。在任何一段时间内获得的

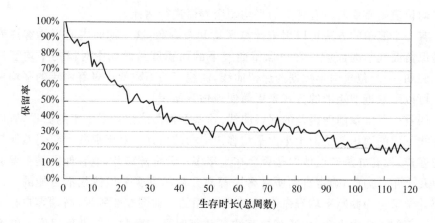

图 6.3 保留曲线可能呈现锯齿状

客户可能比其他时间段的客户更好,也可能更差。例如,大概在 9 周前,有一个特别的价格优惠带来了糟糕的客户。10 周前开始的客户通常是好与坏的混合体,而 9 周前开始的则是特别糟糕的客户。因此,9 周后糟糕的客户数量要少于 10 周后的好客户数量。

客户的质量也可能由于各种原因而变化。在图 6.2 中,考虑了超过 100 个时间段,因此,在所有条件都相等的情况下,有些时间段可能会表现出差异。一般来讲,营销手段会随着时间的推移而变化,因此会吸引不同品质的客户。例如,来自不同渠道的客户往往具有不同的保留特征,来自不同渠道的客户组合可能会随着时间的推移而改变。因此,针对不同的需求,制作相应的保留曲线从而初步分析合适的客户营销策略以减少客户流失是十分必要的。

6.1.2 生存

在 t 时刻,客户存活到下一个时间单位的概率是 1－流失风险率,这被称为 t 时刻的条件生存率(它是有条件的,因为它假定客户存活到时间 t)[3]。计算某一特定时刻的全部存活率需要将所有的条件存活率累积到该时间点,并将它们相乘。存活率值在 0 时刻开始为 1(或 100%),因为所有纳入分析的客户都能存活到分析的开始。

由于流失风险率总是在 0 和 1 之间,所以条件生存率也在 0 和 1 之间。每一新时刻的生存率都为上一时刻的生存率再乘以一个小于 1 的数字,因此生存率会随着时间的推移越来越小。生存曲线本身从 1 开始,缓缓下降,可能最终趋于平稳,但绝不会上升。

与前面描述的保留曲线相比,生存曲线对客户保留的目的更有意义。图 6.4 显示了一条生存曲线和其相应的保留曲线。从图中可以看出,生存曲线更加平滑,而且一直在向下倾斜,而保留曲线则到处跳动。

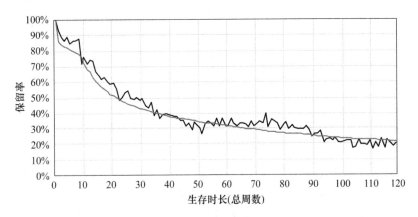

图 6.4 生存曲线比保留曲线平滑

保留曲线上从不同的时间点开始的客户具有不同的特点。保留曲线上的任何给定点都接近实际的保留值;但是,作为一个整体,它看起来是锯齿状的。移除这种锯齿状的一种方法是改变保留曲线的创建方式,把注意力集中在大致同时开始的客户身上,但这样做会在很大程度上减少曲线的数据使用量。

生存曲线考虑的是尽可能多的客户,而不仅是那些正好在 n 个时间段前开始的客户。任一时刻 t 的风险率使用所有保留时长大于或等于该值的客户的信息(假设所有客户都在风险人口中)。生存率的计算方式则累积了小于时刻 t 的所有风险。因此生存率包含所有用户的信息。

因为生存计算使用了所有的数据,所以数值比保留计算更稳定。客户生存曲线上的每一点都限制了客户在特定时间点开始使用。此外,由于生存曲线总是向下倾斜的,计算客户半衰期和平均客户保留期更准确。

在分析客户时,风险和生存都提供了关于客户的有价值的信息。因为生存率是累积的,所以它为比较不同客户群体提供了一个很好的总结价值:不同群体的 1 年生存率是否有显著差异?生存率也用于计算客户的中期和平均客户保留期,进一步用于其他计算,如客户价值等。

因为生存率是累积的,所以很难在特定的时间点看到模式。风险使具体原因更加明显。在讨论一些现实世界的风险时,可识别客户生命周期中的事件,这些事件是风险的驱动因素。生存曲线并没有像风险那样清晰地突出这些事件。

对于比较不同客户群体的风险,也可能会出现这样的问题。从数学上讲,一段时间内"平均风险"没有意义,正确的方法是将风险转化为生存,并对生存曲线上的值进行比较。

6.1.3 删除数据

大多数生存分析要考虑的关键问题为删除。当我们无法获取准确的生存时间时,就产生了删除。风险概率的定义是在给定时间段 t 到 $t+1$ 内终止的客户数量除以 t 时刻的总客户数量,那么如果一个客户在 t 时刻之前终止,这个客户不包括在人数统计中,应当被删除。这是删除最基础的例子,已经终止的客户在他们终止后不被包括在计算中。

假设你是一名癌症研究者,并且发现了一种治疗癌症的药物。你需要进行一项研究来验证这种奇妙的新治疗方法是否有效。这样的研究通常要花几年时间跟随一组经过几年治疗的患者,可能需要 5 年,甚至更多。我们的目的是想知道病人在研究过程中是否死于癌症。

因此你确定了 100 个病人,给他们治疗,他们的癌症似乎已经治愈了。你持续观察了他们好几年。在此期间,7 名病人通过参观冰岛来庆祝他们的新生。在一场可怕的自然灾害中,7 人碰巧死于一座淹没的火山造成的雪崩。你的治疗对癌症死亡率有什么效果?只是看看数据很容易说死亡率有 7%。然而,这种死亡率显然与治疗无关,所以答案并不正确。

这是"竞争风险"的一个例子。研究的参与者可能活下来,也可能死于癌症,也可能死于一场车祸,或者病人可能会在中途退出这项研究。正如医学研究人员所说,这样的病人已经"无法跟踪"。

解决的办法是在被研究事件发生之前对退出研究的患者进行删除。如果病人退出了这项研究,那么他们在退出时就是健康的,而这一时期所获得的信息就可以用来计算风险。在之后,没有办法知道发生了什么。他们在退出时就被删失。如果病人由于其他原因死亡,那么他在死亡发生时会受到删失,而死亡不包括在风险计算中。

处理竞争风险的正确方法是为每个风险制定不同的风险集,其他风险被删失。竞争风险在商业环境中很常见。例如,通常有两种类型的"终止":自愿终止是指客户自主决定离开;非自愿终止是指公司要求客户必须离开(通常是因为未付的账单)。在对自愿流失进行分析时,对于由于未付账单而被迫终止关系的客户会发生什么情况?如果这样的客户被迫在第 100 天停下来,那么客户在第 1~99 天并没有自愿地停下来。这些信息可用于确认客户是否自愿终止。但是,从第 100 天开始,对客户进行删失,如图 6.5 所示。即使他们由于其他原因终止,删失客户还是使人们有可能了解不同类型的终止。

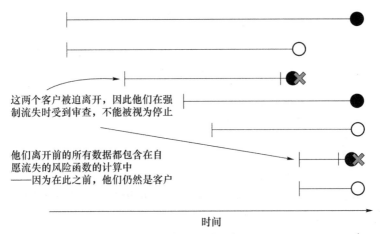

图 6.5 使用截尾使开发自愿流失的风险模型成为可能，
其中包括被迫流失的客户

6.2 风险分析

上一节提到我们的目标是将风险转化为生存，那如何计算风险就是我们现在要考虑的问题，我们可以这样定义商务营销中的风险："假设一个客户已经存在 t 个时间单位，那么这个客户在 $t+1$ 个时间单位之前离开的概率是多少？"

另一种定义是：时间 t 的风险是在时间 t 到 $t+1$ 之间失去客户的风险。

举一个我们很熟悉的例子，考虑一个人在特定年龄死亡的概率。婴儿在一周岁前死亡的概率约为 1/137，随后死亡率直线下降，但最终稳步攀升。直到一个人大约 55 岁时，风险才会上升到第一年的高度。这符合一些风险函数的曲线形状，被称为浴缸形。风险一开始很高，然后长时间内保持较低，最后逐渐增加。

同样的想法也适用于客户保留期，计算给定 t 时刻的风险只需要两段数据：第一个是在 t 到 $t+1$ 时间段内离开的客户数量；第二个是在 t 时刻可能离开的客户总数，也称为风险人群。风险率是这两个数字的比率，作为一个概率，风险率总是在 0 和 1 之间。

6.2.1 持续性风险

持续性风险指的是客户离开的风险是完全一样的，不管客户已经存在了多久。在图上则表示为一条水平线。

假设风险是以天数来计算的，是 0.1% 这个固定的常数。那么也就是说，每天每 1000 个客户中就有一个离开。一年（365 天）之后，这意味着大约 30.6% 的客户离开了。大约需要692天,一半的客户会离开。至少一半客户要再过692天才能离开。

持续性风险是指客户的离开可能不会随着客户存在的时间长短而变化。持续性风险符合保留曲线的指数形式,但在市场营销中却很少存在。

6.2.2 比例性风险

当数据包含多个维度时,直接计算数据的风险可能导致结果不准确。比如,吸烟者患白血病的风险是不吸烟者的1.53倍。这个结果是比例风险性的一个经典实例。如果数据包含多个维度,数据类别就会迅速增长。这意味着数据传播得很分散,使得风险越来越不可靠。

1972年,大卫·考克斯(D.Cox)爵士认识到了这个问题,并提出了一种分析方法,现在称为考克斯比例风险回归。他将注意力集中在原始条件上,而不是风险本身。他提出了一种偏似然估计的想法。假设在给定时间t,仅有一个客户终止,那么在时间t的偏似然估计就是这个客户终止的似然估计。

Cox假设最初的风险一致,将不同的特征称为协变量[4]。不同特征的客户在不同时刻的风险率函数不同,通常将风险率函数表达为基准风险率函数与相应协变量函数的乘积。比例风险假定各危险因素的作用不随时间变化而变化,模型中的协变量应与对数风险比呈线性关系。

Cox比例风险回归非常强大,它可同时研究多个风险因素和事件结局发生情况、发生时间的关系,从而克服了简单生存分析中单因素限制的不足。然而,它也具有局限性。Cox比例风险回归对初始条件对总体风险函数的影响进行排序和量化。然而,结果高度依赖于一个经常令人怀疑的假设,即随着时间的推移,初始条件对风险的影响不变。也就是说,初始条件对风险的影响不具有时间成分。这在现实中基本不可能成立。即使在科研领域,初始条件也很少有如此完美的比例关系。在市场营销领域,这种可能性更小。营销不是可控实验。事物总是在不断变化;新项目、定价和竞争总是不断出现。

Cox方法仅设计用于时间零协变量,统计学家称之为初始值。该方法已被扩展,以处理客户生命周期内发生的事件,例如是否升级产品或投诉。用统计学的语言来说,这些都是与时间相关的协变量,这意味着额外的因素可能发生在客户保留期内的任何点,而不仅是在关系的开始。自Cox最初的工作以来,他和其他统计学家已经将这种技术扩展到包括这些类型的因素。

6.2.3 风险函数

图6.6显示了一个风险函数的真实案例,该案例针对一家销售基于订阅的服

务(具体的服务并不重要)公司。这个风险函数测量客户在注册后的给定数周内终止的概率。

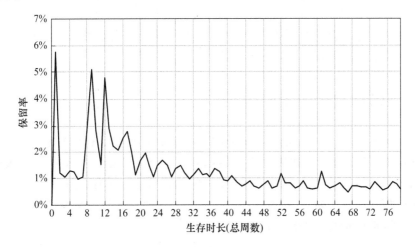

图 6.6 订阅业务的客户风险概率

这条曲线有几个有趣的特征。首先,它的初始值很高。这些客户已经注册,但由于某些技术原因(比如他们的信用卡未被批准)无法启动。在某些情况下,客户并没有意识到他们签了合同,这是在电话营销活动中常遇到的问题。

接下来,有一个 M 形的特征,在 9 周和 11 周左右出现峰值。第一个高峰出现在两个月左右,是由于拖欠。从不支付账单的客户,或取消信用卡收费的客户,在大约 2 个月后会因未付款而被终止付款。由于大量的客户在这个时候离开,所以风险的可能性上升。

"M"中的第二个最高点与最初提供推介价格的促销的终止同时发生。这种商业推销通常持续 3 个月左右,然后客户就要开始付全款。一部分客户决定终止这项服务,这些客户中有许多人很可能会重新利用其他的推销。

在 3 个月后,风险函数不再有真正的高峰,而是有一个小的高峰周期,大约每 4 或 5 周出现一次。这对应于每月的计费周期,客户有可能在收到账单后就终止购买。

图 6.6 也展示了风险率呈现平稳下降的趋势。这个下降是件好事,因为它意味着客户存留的时间越久,他们离开的可能性就越小。换句话说,就是客户在公司停留的时间越长,他们的忠诚度就越高。

6.3 实践中的生存分析

本节详细地介绍了两个案例研究。每个案例研究都考虑了会员资格的长度,即客户终止其会员资格/不再维持其会员资格的时间,以及连续购买之间的时间。第一个案例取自消费者营销背景,显示了与一些服务相关的行为。顾客在消费过程中会有一段时间不需要这些服务,例如在购买汽车后享受新产品的一段时间。第二个来自企业对企业的环境,但也显示了典型的行为类型的组织,如邮购、提供给客户的产品范围等。

6.3.1 客户流失与生存分析

第一个例子对一家保险公司的会员数留存与流失情况进行分析,该公司每年都会更新 17 年前的现有和失效会员的记录。失效会员的数量按年数制成表格。可以看出 50 805 名会员在第一年后会员资格就失效了。现有会员的数量由会员的总年数(付费)制成表格,这些都列在表 6.1 的第 3 列。这些都是经过审查的观察,不知道下次他们是否会保持他们的会员资格[4]。

表 6.1 会员资格维持时间表

会员资格维持年数(T)	终止会员资格人数(失败)	现存会员数(审查中)	从当前到结束的总失败人数(风险中)	退会风险率/%	该年末维持会员资格概率/%	会员资格持续年限大于该年的概率(存活率)/%
1	50 805	82 379	357 818	14.2	85.8	85.8
2	35 629	16 481	224 634	15.9	84.1	72.2
3	24 451	8 265	172 524	14.2	85.8	62.0
4	16 139	5 490	139 808	11.5	88.5	54.8
5	14 823	3 875	118 179	12.5	87.5	47.9
6	11 134	2 652	99 481	11.2	88.8	42.6
7	11 047	2 110	85 695	12.9	87.1	37.1
8	10 204	1 926	72 538	14.1	85.9	31.9
9	8 729	2 016	60 408	14.5	85.5	27.3
10	6 448	1 964	49 663	13.0	87.0	23.7
11	5 976	1 768	41 251	14.5	85.5	20.3
12	5 185	1 216	33 507	15.5	84.5	17.1
13	8 623	573	27 106	31.8	68.2	11.7
14	7 282	246	17 910	40.7	59.3	6.9
15	4 837	0	10 382	46.6	53.4	3.7
16	3 785	0	5 545	68.3	31.7	1.2
17	1 760	0	1 760	100.0	0.0	0.0

第 6 章 生存分析

接下来计算有风险的人数。共有 357 818 人拥有一年或一年以上的会员资格,因此有可能再订阅一年。第一年共有 82 379 名会员,50 805 名会员在第一年之后未能保持会员资格,只有 224 634 名会员保持了他们的第二年会员资格。

第一年之后失效的概率是 50 805/357 818≈14.2%。因此约 85.8% 的会员在第一年结束时保持了他们的会员资格。如果一个客户保持了两年的会员资格,那么第二年结束时失效的概率是 35 629/224 634≈15.9%。其余的行以类似的方式计算。

第 6 列是每年保留的概率,简单地用 1 减去风险。

第一年之后继续存在(即会员资格持续)的概率是第一年结束时继续存在的概率。第二年之后存活的概率由第一年之后存活(即会员资格持续)的概率给出,再乘以第二年年底维持的概率,即 $85.8\% \times 84.1\% = 85.8\% \times \frac{84.1}{100} \approx 72.2\%$。其余的行以类似的方式计算。请注意,目前的会员资格只回溯到 14 年前,而过去的会员资格则高达 17 年。这可能是由于情况随着时间的推移而变化,也可能是由于数据问题/不一致。这两列中的任何一列趋近于零,或者急剧变化,都表明应该调查数据的独特性。应该寻求有关处理数据中任何这类"特征"的适当方法。在目前的例子中,图只绘制了 12 年,到那时为止的估计不应该受到注意到的特殊情况的过度影响。

保留会员资格的概率相对于加入会员资格的年份的曲线图显示了一条平滑的曲线(图 6.7)。这是指数曲线的形状,正如预期的那样。要检查这一点,可以绘制概率对时间的对数(图 6.8)。

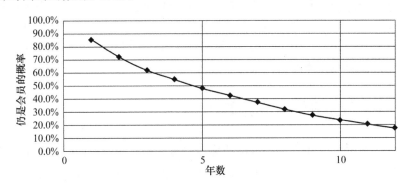

图 6.7 仍是会员的概率与会员已维持年数对比

直线表示数据的确遵循指数曲线。同样,对于指数曲线来说,风险(在任何一年结束时失效的概率)是恒定的。这可以通过危害与时间的关系图来检验(图 6.9)。

风险随时间的变化近似恒定,但也有一些小的变化。情况并不像最初介绍得那么简单。少数人在第一次加入的时候会购买 2 年或 5 年的会员资格,这可能与 2 年和 5 年的高峰有关。其他的差异可能是由于随机波动,也可能是由于不同的客户类型。

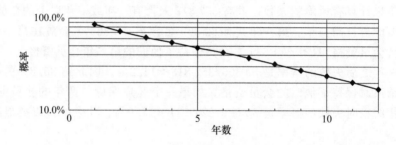

图 6.8 对数生存图

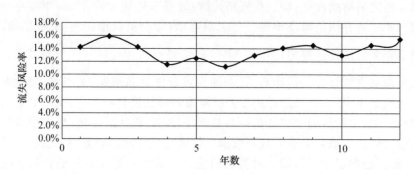

图 6.9 流失风险率

这些数据的主要特征是风险函数的平坦性。这表明,到目前为止,接触时间的长度并不能指导客户将保持多长时间的联系。因此,相关的营销策略应该设计为发展一种持续的关系,而不需要任何特定的时间成分。围绕这一总体策略,在相对的波峰和波谷可能会有一些调整,例如在接触两年后。通过识别那些已知的特征,分析可以进一步发展的潜在客户。或者在吸收入会的时候预测他们的会员预期时长,从而得出他们的整体终身价值的估计。

6.3.2 客户回购与生存分析

历史上,大多数生存分析的应用都集中在负面事件上,很多术语也反映了这一点。例如,术语"风险"和"生存"都假设事件是不受欢迎的。在第一个案例研究中,事件是会员资格的终止,这是负面的,营销活动会寻求阻止。然而,在接下来的这个例子中,事件是一项积极的反馈,营销活动将寻求客户的正反馈。

本例中,该公司主要对其他企业营销一系列商业发展和培训的产品。其持续且广泛地对潜在客户进行营销沟通。这意味着其可以通过准确地跟踪客户和潜在客户的行为,并密切关注新进入市场的人而获益。生存分析的应用提供了一些有用的见解。该分析特别关注了以前的客户和最近获得的客户不同程度的后续行为,以及客户对直接邮件通信的回应方式。

在生存投资组合内分析技术领域中，一种叫做 Gehan 的广义 Wilcoxon 检验的方法已经被广泛使用，以识别组间的不同行为，这等同于通常用于正态分布行为的方差分析技术。该方法调整了这些检验的非参数版本，以适应从基于时间的数据中获得的分布类型。

图 6.10 显示了老客户与新客户在长期行为上的显著差异。

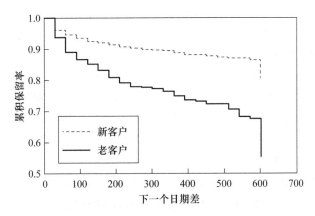

图 6.10 新客户与老客户的生存函数比较

图 6.10 显示，不到 90% 的新客户不会有这种行为，与 65% 的老客户相比，他们在长期内会进行后续购买。可以看出，这类数据的删失率很高，这使得使用传统技术遇到的困难更加明显。

生存分析也被用来了解客户对直邮通信的反应。图 6.11 是发邮件一段时间后响应的条件概率的风险函数曲线。该图显示了通信后立即响应的预期峰值，但也表明了一个新的问题。大约在 3 个月和 6 个月后，通信响应增加。这为调查后续活动以及定时和有针对性地呼出电话提供了动力，以配合这些客户会感兴趣的时间。

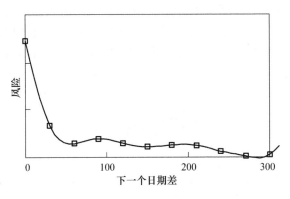

图 6.11 邮件沟通回复概率

本章小结

　　风险及生存分析设计的目的是更好地了解客户。本章引入了风险这一概念作为客户在给定时间点离开的条件概率。对生存分析的这种处理从统计学的角度来看是非正统的,因为统计学更偏向于基于连续时间的比率而非离散时间概率。但是,这种处理方式对于客户分析更加直观。

　　风险就像 X 射线一般,可以洞悉客户的生存周期。存活的相关概念,即客户在某一特定时间点上生存的比例,使得比较不同群体的客户,并把结果转化成金钱单位成为可能。当有足够的客户时,可以通过为不同类型客户建立单独的曲线来对客户进行分类。为了更好地了解客户,可以使用其他方法,如特定时间点的生存状况、客户半衰期和平均时期。

　　生存分析的关键概念之一是删失。这意味着需要将部分客户从分析中剔除出去。删失的概念可以扩展到理解相互竞争的风险,例如自愿减员与强制减员。删减可用于舍弃某些结果,例如一次联合抵制,以避免对总体结果产生负面影响。

　　风险最强有力的功能之一,就是在过程开端时就明确了哪些因素可以导致风险的增加或减少。除了将客户分层之外,还有另一种方法:Cox 比例风险回归。这种方法自 20 世纪 70 年代以来就被证明价值极高,并且至今还在不断被扩展和改进。

　　生存分析除了计算客户离开的概率外,还有许多其他应用。比如:它也经常被用于计算客户价值、评定客户等级,以及预测客户生存周期中其他类型的事件。生存分析无疑是一项强大的技术,似乎是为理解客户及他们的生存周期而专门设计的。生存分析是观察接触时间长短和下一次购买时间的合适工具,可以对数据的洞察提供帮助,也可以测试新程序在鼓励和维护客户基础方面的成效。正如在许多其他领域所显示的那样,生存分析是与时间事件数据一起使用的方法。随着在营销领域中应用该技术经验的增长,对如何处理营销信息的细微差别的理解将会发展。

本章参考文献

[1] MILLER R G. Survival Analysis[M]. 2rd. New York:John Wiley & Sons,1998.

[2] 王未卿,姚娆,刘澄. 商业银行客户流失的影响因素——基于生存分析方法

的研究[J]. 金融论坛，2014(1):73-79.
[3] 王燕,王高,赵平. 生存分析在顾客间隔购买时间研究中的应用[C]//第八届中国管理科学学术年会论文集. 2006：39-43.
[4] DRYE T，WETHERILL G，PINNOCK A. When are customers in the market? Applying survival analysis to marketing challenges[J]. Journal of Targeting, Measurement and Analysis for Marketing，2001(10):179-188.

第 7 章 人工神经网络

人类很早就对大脑如何运作感兴趣。人类大脑是由大约 1000 亿个"神经元"组成的"神经网络"(neural network)。1943 年，McCulloch and Pitts 首先提出了神经元的简化数学模型。1958 年，Rosenblatt 提出了"感知机"(perceptron)，引入了"学习"(learning)机制，使得感知机具备将事物分类的能力。但这种单层的神经网络无法得到非线性决策边界，直到多层感知机(multilayer perceptron)被提出，即多层神经网络(multilayer neural network)，这个问题才得以解决。随着多层神经网络的层数不断增加，算法的性能越来越好，其逐渐演化为我们熟知的深度学习(deep learning)。

我们将人工神经网络(artificial neural network，ANN)技术用于电子商务，能够对影响业务市场和技术环境发展变化的各种因素加以详尽分析，也能够对这些因素本身即将发生的变化做出详细而准确的分析和预测。企业可根据它做出的预测找出潜在的问题，使可能产生故障的概率降低，提前采取补救措施。因此，人工神经网络在电子商务领域起到了不可或缺的作用。

本章从人工神经网络的基本思想开始，对人工神经网络中的相关基础概念做出介绍，包括损失函数、相关算法、卷积神经网络等。

7.1 神经元模型

在人工智能领域[1]，主要有两大派系：一个派系为"符号主义"，又称逻辑主义，该派系主张用公理和逻辑体系搭建一套人工智能系统；另一个派系为"连接主义"，也称仿生学派，主张模仿人类的神经元，用神经网络的连接机制来实现人工智能。我们所讨论的人工神经网络则是连接主义的代表作。

神经网络是由有适应性的基本单元组成的大规模并行互连的网络系统，其最基础的部分便是神经元模式,即最简化单位。在生物神经网络中,每个神经元都与其他神经元相连,当一个神经元兴奋时,它就会向相连的神经元发送化学物质,从而改变这些神经元内的电位。如果某神经元的电位超过了一个阈值,那么它就会被激活,即兴奋起来,向其他神经元发送化学物质。

1943 年,美籍心理医生 McCulloch 和数学家 Pitts 共同考察了生物神经元的构造,并给出了抽象的 MP 神经元模型。在这种模型中,神经元接收到了 n 个神经元传输出去的输入信息,而这部分输入信息透过带权重的接口加以传输,将神经元所接收到的总信号值和神经元的阈值加以对比,进而利用激活函数处理得到神经元的输出。

图 7.1 中,x_i 表示来自第 i 个神经元的输入,w_i 表示第 i 个神经元的连接权重,θ 表示阈值,y 为神经元的输出值。将若干个类似的神经元根据相应的层次结构连接起来,就得出了神经网络,于是我们可以视神经网络为 $y=f(\sum\limits_{i=1}^{n} w_i x_i - \theta)$ 不断嵌套的数学模型。需要注意的是,MP 神经元模型本质上只是一个纯数学模型,其中的参数 w 与 b 需要人为指定,而无法通过训练样本进行学习。

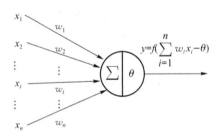

图 7.1　MP 神经元模型

7.2　感 知 机

1958 年,Rosenblatt 提出了感知机(perceptron),使得 7.1 节中的 MP 神经元模型具备学习能力。感知机由两层神经元组成[2],输入层接收外界信号之后将其传送到输出层,而输出层正是 MP 神经元。

感知机的优点是其能更好地实现逻辑与、或、非计算。回顾式子 $y=f(\sum\limits_{i=1}^{n} w_i x_i - \theta)$,我们不妨假设 f 为如下的阶跃函数 $\text{sgn}(x)$:

$$\text{sgn}(x) = \begin{cases} 1, & x \geqslant 0 \\ 0, & x < 0 \end{cases} \tag{7.1}$$

于是我们可以进行如下的与、或、非简单计算。

(1) 与

令 $w_1=w_2=1,\theta=2$,则有 $y=f(1\cdot x_1+1\cdot x_2-2)$,仅在 $x_1=x_2=1$ 时,$y=1$。

(2) 或

令 $w_1=w_2=1,\theta=0.5$,则有 $y=f(1\cdot x_1+1\cdot x_2-0.5)$,在 $x_1=1$ 或 $x_2=1$ 时,$y=1$。

(3) 非

令 $w_1=-0.8,w_2=0,\theta=-0.6$,则有 $y=f(-0.8\cdot x_1+0\cdot x_2+0.6)$,当 $x_1=1$ 时,$y=0$;当 $x_1=0$ 时,$y=1$。

感知机通常用作二分类的线性模型,其输入是实例的特征向量,输出是实例的类别,如+1和-1。假设训练数据集是线性可分的,感知机学习的目标是求得一个能够将训练数据集正实例点和负实例点完全正确分开的分离超平面。如果是非线性可分的数据,则最后无法获得分离超平面。

一般地,给定训练数据集,权重 w_i 以及阈值 θ 可通过学习得到。阈值 θ 可看作一个固定输入为-1.0的"哑结点"(dummy node)所对应的连接权重 w_{n+1}。这样,权重和阈值的学习就可统一为权重的学习,于是感知机学习规则就变得非常简单,对于训练样本 (x,y),我们记当前感知机的输出为 $\hat{y}$,则感知机权重的调整方式为

$$w_i \leftarrow w_i + \Delta w_i$$

$$\Delta w_i = \eta(y-\hat{y})x_i \tag{7.2}$$

其中 $\eta \in (0,1)$ 称为学习率(learning rate),也称为步长(step size)。由式(7.2)可以看出,当感知机预测数据 $\hat{y}$ 与样本数据 y 有出入时,感知机将根据错误的程度进行权重调整。

相关学者已证明,对于线性可分的数据,感知机一定会收敛,否则感知机的学习过程将发生振荡,不能求得合适解。感知机因为具备学习参数的能力,仿佛拥有"感知"世界的能力,故称为感知机。

7.3 神经网络的模型

本节中,我们在感知机的基础上,引入多层神经元[3],经过两个及以上的非线性激活函数迭代之后(将在 7.4 节对激活函数做出具体介绍),即可得到非线性的决策边界。

如图 7.2 所示,最左边为输入层(input layer),中间为隐藏层(hidden layer),而最右边为输出层(output layer)。隐藏层的名称来源于该层的计算在算法内部进行,从外面并不可见,其可以拥有很多的神经元,而不局限于图 7.2 所示的 3 个

神经元。同理,输入层与输出层也可以拥有更多的输入与输出。

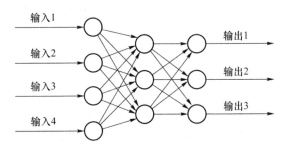

图 7.2 具有单隐藏层的神经网络

依照图 7.2,我们记输入层 4 个输入分别为 x_1、x_2、x_3、x_4,记隐藏层 3 个神经元未施加激活函数之前的总值为 z_1、z_2、z_3,记输出层 3 个输出分别为 $\hat{y}_1$、$\hat{y}_2$、$\hat{y}_3$。记输入层到隐藏层的权重和偏置分别为 $w_{ij}^{(1)}$、$\theta_j^{(1)}$($i=1,\cdots,4;j=1,2,3$),同样记隐藏层到输出层的权重和偏置分别为 $w_{jk}^{(2)}$、$\theta_k^{(2)}$($j=1,2,3;k=1,2,3$)。其中,$z_j = \sum_i w_{ij}^{(1)} x_i - \theta_j^{(1)}$($j=1,2,3$)在隐藏层经过激活函数作用后变为 $f(z_j)$($j=1,2,3$),最终网络输出值为 $\hat{y}_k = f\left(\sum_j w_{jk}^{(2)} f(z_j) - \theta_k^{(2)}\right)$($k=1,2,3$)。这就是具有单隐藏层的神经网络的计算过程,对于具有多个隐藏层的神经网络,只需将上述过程不断嵌套即可。

另外,图 7.2 所示为基本的神经网络结构,这种标准的神经网络因为输入从左到右不断前馈,所以称为前馈神经网络(feedforward neural network)。因为相邻层的所有神经元都相互连接,所以其也称为全连接神经网络(fully-connected neural network)。针对特殊的数据类型,还有各种其他类型的神经网络:当遇到图像识别问题时,使用卷积神经网络(见 7.8 节);当遇到自然语言等时间序列问题时,使用循环神经网络。

实际上,只要包含一个隐藏层,就是多层感知机(multilayer perceptron, MLP),也就是神经网络模型。在当今的研究中,神经网络模型通常有多个隐藏层。现实中的事物极其复杂,人们很难深入事物内部看清本质,也很难知道哪些特征是重要的,甚至很难知道什么才是真正的特征。人类从原始数据中获得高度抽象的特征是非常艰难的,而深度神经网络(deep neural network,DNN)在此时扮演了一个重要的角色。

深度学习这一概念是由 Hinton 等人提出的,"深度"是相对于浅层学习中的"浅层"而言的,这里所说的深度和浅层都是指模型所具有的层次结构,深度学习是指含有两个或者两个以上隐藏层的模型结构,而浅层学习是指只含有一个隐藏层,甚至没有隐藏层的模型结构。相比浅层学习模型,深度学习模型使得数据的特征可以更好地得以表达,以及拟合各种复杂的非线性函数。深度学习模型主要应用于音视频领域与图像识别领域。几乎所有的商用语音识别都依靠深度学习来完成。除此之外,深度学习已经深入各个领域,如无人驾驶、智能回答、智能翻译、天气预报、股票预测、自动解题等。所以,深度学习的研究具有很强的现实意义。

7.4 神经网络的激活函数

神经网络的功能及其复杂度主要来源于它的非线性行为,而非线性行为则来源于对组成神经元所采用的特定激活数。所谓的激活数,就是在神经网络的神经元上执行的数,即把神经元的信号反馈到输出端口。

激活函数包括两个部分。激活函数的第一部分为组合函数。所有输入单元都有自己的权重,它将所有输入合并为单个值。最常用的组合函数之一是加权求和,其将各个输入值乘以相应的权重,并将这些乘积相加。一些组合函数是非常实用的,包括加权输入的最大值、最小值以及逻辑值与或非。激活函数的第二部分为传递函数,它的名称源于它把组合函数的值传送到输出。常见的传递函数有sigmoid、tanh、ReLU等。

7.4.1 sigmoid 函数

sigmoid 函数即 logistic 函数,通常用作隐藏层神经元的输出,取值范围为(0,1),一般用来做二分类,其表达式为

$$\sigma(x)=\frac{1}{1+e^x} \tag{7.3}$$

sigmoid 函数的几何形式是一个 S 形曲线,如图 7.3 所示。

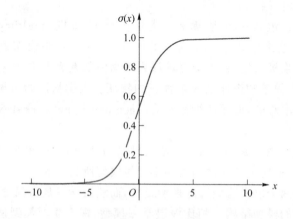

图 7.3 sigmoid 函数

sigmoid 函数的优点：
① 函数映射到 0～1，输出稳定，可以用作输出层；
② 函数处处连续，求导容易。

sigmoid 函数的缺点：
① 函数为指数形式，计算较为复杂；
② 若函数的输入、输出都是非 0 平均，则会引起后续神经元的输入都是非 0 平均的信息；
③ 当变量取相当大的正数或负数时会发生饱和现象，函数会趋于平缓，同时对输入的微小变化也会越来越不敏感。当反向传播后，如果阶梯近乎零，则权重也基本上没有改变，很轻易就会发生阶梯逐渐消失的问题，因此没法进行更深层网络的训练。

7.4.2 tanh 函数

tanh 函数又叫作双曲正切函数，取值范围为[-1,1]，其表达式为

$$\tanh x = \frac{e^x - e^{-x}}{e^x + e^{-x}} \tag{7.4}$$

函数图像如图 7.4 所示。

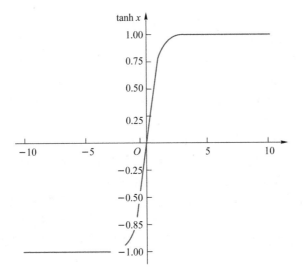

图 7.4　tanh 函数

经过计算不难看出，$\tanh x = 2\sigma(x) - 1$，即 tanh 函数就是 sigmoid 函数的变形，二者在缺陷上存在一定的共性。但是，因为 tanh 函数是 0 均值的，所以其在具体使用中会优于 sigmoid 函数。

7.4.3 ReLU 函数

ReLU(rectified linear unit,修正线性单元)函数是深度学习中最常见的激活函数之一,是众多前馈神经网络中默认采用的激活函数,函数表达式如下:

$$f(x)=\max(0,x) \tag{7.5}$$

当输入 $x \geqslant 0$ 时,其输出也是 x,即所谓的线性单元;当输入 $x<0$ 时,其将输出修正为 0,故称为修正线性单元。ReLU 函数的图像如图 7.5 所示。

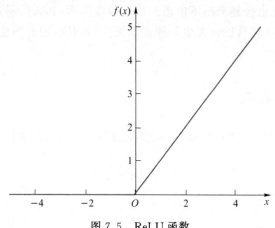

图 7.5　ReLU 函数

ReLU 函数的优点:
① 函数不存在指数运算,计算复杂度较低;
② 在 $x>0$ 区域上,没有出现梯度饱和、梯度消失的现象;
③ 使用 ReLU 函数的梯度下降算法的收敛速度比使用 sigmoid 和 tanh 函数的好。

ReLU 函数的缺点:
① 同 sigmoid 函数,其输出是非 0 均值;
② 在 $x<0$ 时,梯度也为 0,这个神经元及之后的神经元的梯度一直都为 0,不再对任何数据有反应,所以相关参数也一直没有被改变。

除了以上提到的 3 种激活函数,其他激活函数还有泄露 ReLU(leaky ReLU)、软加函数(softplus function)等。总之,激活函数必须为非线性函数,若使用线性的激活函数,无论叠加或者嵌套多少次,所得结果一定还是线性函数。

7.5　神经网络的损失函数

在最开始的感知器模型中,模型可调参数可以参与训练,但是使用的训练方法相对简单,没有使用如今深度学习的常用训练方法,这使得模型扩展能力与适应能力较差。从两层浅层神经网络开始,相关研究学者开始利用机器学习相关方法训练神经网络参数。首先对所有参数赋以初始值。训练开始时,使用这些参数的初始值预测训练数据中的样本。神经网络可以得到以训练样本为基础的预测信号,并将其与真实值比较,即可得到相应的损失[4]。将所有训练样本的损失求和即可得到损失和,而神经网络参数优化的目标就是使得定义的损失和越来越小。

优化时常用的方法有利用高等数学求导,但是该方法的问题在于参数有很多,计算这些参数的一阶导数并令其等于 0 的运算量会很大,因此一般解决优化问题时使用梯度下降(stochastic gradient descent)算法。梯度下降算法计算参数当前梯度,然后使参数向着梯度反向前进一些,重复该过程,直到梯度达到实验预设的目标值或者接近零时停止循环,从而使损失函数的值达到最小。而神经网络模型结构比较复杂,计算梯度的代价很大,所以一般使用反向传播算法。反向传播算法利用神经网络结构和链式法则计算。计算时不会一次计算所有参数的梯度,而是采用后向传播的计算方式。首先计算输出层参数对应的梯度,然后计算隐藏层参数对应的梯度,最后计算输入层的梯度。计算完毕,神经网络的对应参数梯度化也就完成了,然后按照计算结果改变相应参数直至满足某些停止的要求即可,如训练误差达到很小。

简单来说,损失函数的作用就是估计神经网络中每个迭代的前向计算和实际数值之间的差异,以便引导下一次的训练朝更准确的方向进行。神经网络中常见的损失函数主要有两种:均方差函数、交叉熵函数。

7.5.1 均方差函数(主要用于回归)

该函数可以估计预测值与实际值间的平均欧氏距离,预测值与实际值越靠近,则二者的平均方差就越小。均方差函数适用于线性回归,公式如下:

$$L_{\mathrm{mse}} = \frac{1}{2m} \sum_{i=1}^{m} (\hat{y}_i - y_i)^2 \tag{7.6}$$

其中,m 表示样本量,y_i 表示第 i 个样本的标签(真实值),$\hat{y}_i$ 表示第 i 个样本的预测值。

7.5.2 交叉熵函数(主要用于分类)

交叉熵是生物信息学中的一个重要范畴,主要用来衡量两种概率分布之间的差异信息。在信息论中,交叉熵表示两种概率分布 p,q 的差值,这里 p 代表实际分布,q 代表预测分布,那么 $H(p,q)$ 就叫作交叉熵,公式如下:

$$H(p,q) = \sum_i p_i \cdot \ln \frac{1}{q_i} = -\sum_i p_i \ln q_i \tag{7.7}$$

交叉熵函数常用在分类问题中,在二分类情况下,交叉熵损失函数为

$$L_{ce} = \frac{1}{N} \sum_{i=1}^{N} L_i = \frac{1}{N} \sum_{i=1}^{N} -[y_i \cdot \ln p_i + (1-y_i) \cdot \ln(1-p_i)] \qquad (7.8)$$

其中,p_i 表示样本 i 预测为第一类的概率,y_i 表示样本 i 的标签,第一类记为 1,第二类记为 0。类似可以得到多分类情况下的交叉熵损失函数:

$$L_{ce} = \frac{1}{N} \sum_{i=1}^{N} L_i = \frac{1}{N} \sum_{i=1}^{N} \sum_{c=1}^{M} -y_{ic} \ln p_{ic} \qquad (7.9)$$

其中,M 表示类别数量,若样本 i 的真实类别为 c,则 y_{ic} 取值为 1,否则 y_{ic} 取值为 0,p_{ic} 表示样本 i 属于类别 c 的预测概率。

虽然交叉熵损失函数为凸函数,梯度性质良好,但是它对每个样本都给予相等的权重,当某一类别的样本占据全体样本的比例过高时,最小化交叉熵损失函数得到的模型只关注占比高的这一类样本,会忽视其他类别的准确率。

7.6 偏差与方差、泛化误差

7.6.1 偏差与方差

偏差(bias)反映了样本的预测值与现实值间的差异,也就是预测数据的期望值与样本真实数据间的差值。它刻画了机器学习算法本身的拟合能力。高偏差意味着模型的拟合能力不足,容易导致欠拟合。

方差(variance)即训练数据在各个迭代阶段的训练模型中,估计值的变化趋势与波动状况(或可以理解为模型在测试集上的表现)。从计算数学角度来看,方差可理解为各个预期值与预期平均数之差的平方和再求平均数。其刻画了数据扰动带来的影响。高方差意味着模型的泛化能力弱,容易导致过拟合。

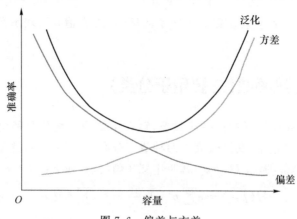

图 7.6 偏差与方差

随着模型复杂度(网络容量)的提升,偏差表现越来越好,而方差表现越来越差。所以偏差与方差相互制衡,模型的复杂度(网络容量)要选择适当。

7.6.2 泛化误差

评判一个网络是否良好的方法就是看其泛化能力,而网络的泛化能力由泛化误差来体现。

对于训练误差,其公式为

$$E_T(w) = \sum_{i=1}^{n} (\hat{f}(x_i|w) - y_i)^2 = \sum_{x \in D}(\hat{f}(x|w) - f(x))^2 \tag{7.10}$$

其中,$\hat{f}(x|w)$ 为预测值,$f(x)$ 为真实值,而集合 D 表示全集 χ 中样本量为 n 的一个子集。

对于泛化误差,其公式为

$$E_G(w) = \sum_{x \in \chi} p(x)(\hat{f}(x|w) - f(x))^2 \tag{7.11}$$

其中,$p(x)$ 表示在全集 χ 中 x 出现的概率。

比较式(7.10)和式(7.11),训练误差计算网络在训练集上的偏差,而泛化误差则计算网络在全集上的偏差,深度学习的最终目的就是使泛化误差尽可能小。

7.7 神经网络的算法

神经网络通常包含很多参数,而且涉及较多的非线性激活函数,故一般不便于求二阶导数,因此,一般用梯度下降算法训练神经网络,而其中常用的计算梯度的方法为反向传播(back propagation,BP)算法。

总体来看,神经网络的训练过程一般主要由正向传播和误差反向传播两部分构成。正向传播阶段,模型按当前参数对输入样本 $x \in X$ 进行预测响应,经过逐层计算后得到预测值 $\hat{y}_i \in Y$,若预测值与正确值 $y \in Y$ 存在一定差距,则进入误差反向传播阶段。在误差反向传播阶段,首先计算预测值与正确值之间的损失,之后通过 BP 算法反向传播将误差分配到所有神经元,各层神经元以此误差值为权重对其参数进行调整,最后进入正向传播阶段。多次循环以后,模型参数即达到较优水平。接下来,我们详细介绍 BP 算法。

假设隐藏层和输出层神经元都使用 7.4 节中的 sigmoid 函数,对于训练样本 (x_k, y_k),记神经网络的输出为 $\hat{y}_k = (\hat{y}_1^k, \hat{y}_2^k, \cdots, \hat{y}_l^k)$,记第 h 个隐藏层神经元的输入

为 $\alpha_h = \sum_{i=1}^{d} v_{ih} x_i$，记第 j 个输出神经元的输入为 $\beta_j = \sum_{h=1}^{q} w_{hj} b_h$，于是有

$$\hat{y}_j^k = f(\beta_j - \theta_j) \tag{7.12}$$

神经网络在样本集上的误差（以均方误差为例）为

$$E_k = \frac{1}{2} \sum_{j=1}^{l} (\hat{y}_j^k - y_j^k)^2 \tag{7.13}$$

BP算法基于梯度下降策略，以目标的负梯度方向对参数进行调整，对于式(7.13)的误差，给定学习率 η，有

$$\Delta w_{hj} = -\eta \frac{\partial E_k}{\partial w_{hj}} \tag{7.14}$$

注意：w_{hj} 先影响第 j 个输出层神经元的输入值 β_j，再影响输出值 $\hat{y}_j^k$，最后影响误差 E_k，根据链式法则有

$$\frac{\partial E_k}{\partial w_{hj}} = \frac{\partial E_k}{\partial \hat{y}_j^k} \cdot \frac{\partial \hat{y}_j^k}{\partial \beta_j} \cdot \frac{\partial \beta_j}{\partial w_{hj}} \tag{7.15}$$

其中，根据 β_j 的定义有

$$\frac{\partial \beta_j}{\partial w_{hj}} = b_h \tag{7.16}$$

而我们使用的 sigmoid 激活函数在求导之后拥有很好的性质：

$$f'(x) = f(x)(1 - f(x)) \tag{7.17}$$

利用此性质有

$$\begin{aligned} g_j &= -\frac{\partial E_k}{\partial \hat{y}_j^k} \cdot \frac{\partial \hat{y}_j^k}{\partial \beta_j} \\ &= -(\hat{y}_j^k - y_j^k) f'(\beta_j - \theta_j) \\ &= \hat{y}_j^k (1 - \hat{y}_j^k)(y_j^k - \hat{y}_j^k) \end{aligned} \tag{7.18}$$

我们将这些计算结果综合到一起即可得到 w_{hj} 的更新公式：

$$\Delta w_{hj} = \eta g_j b_h \tag{7.19}$$

以此思想，便可得到所有参数的更新公式。但是，事物都有两面性，正是因为BP算法具有强大的拟合能力，所以其经常遭遇过拟合问题，有以下两种方法解决过拟合问题。

① 早停(early stopping)。一般将全样本随机分为3份，即训练集、验证集、测试集。我们首先在训练集中训练，同时把所得结果在验证集中做预测，并计算验证误差。当验证误差开始上升时，停止训练，并计算测试误差。

② 正则化(regularization)。其基本思想是在误差目标函数中增加一个用于描述网络复杂度的部分，如连接权与阈值的平方和。

7.8 卷积神经网络

卷积神经网络(convolutional neural network,CNN)是一类包含卷积计算且具有深度结构的前馈神经网络。卷积神经网络仿造生物的视知觉机制构建,随着深度学习理论的不断发展,其得到了飞速的发展,已经广泛应用到图片识别、自然语言处理等领域。

卷积神经网络同样也包含输入层、隐藏层和输出层,其隐藏层可以有非常丰富的层次机构,下面介绍常见的几种结构。

7.8.1 全连接层

全连接层(fully connected layer,FC)由两层神经元组成,两层中的所有神经元完全连接,故称为全连接层,即第二层中的任意神经元节点是由第一层中所有神经元节点加权聚合而成的。设第一层神经元有 M 个,第二层神经元有 N 个,则其数学定义如式(7.20)所示,其中 a 表示第一层神经元,b 表示第二层神经元,$\omega_{i,j}$ 表示权重系数,f 表示非线性函数。

$$b_j = f\left(\sum_{i=1}^{M} \omega_{i,j} \cdot a_i\right), j = 1, 2, \cdots, N \tag{7.20}$$

7.8.2 下采样结构

下采样(down-sampling)过程也称为编码(coding)过程,即通过多层网络结构对输入图像数据进行特征提取,得到多尺度的特征图信息的过程。下采样过程常用的层主要包括卷积层和池化层。

(1) 卷积层(convolution layer)

卷积层是卷积神经网络的一个重要组成部分,主要对输入图像进行特征压缩提取。卷积神经网络由多个卷积层相连,通过设计卷积核大小、步长、卷积模式等参数达到提取多尺度特征的目的。一个卷积层通常包含多组卷积核,以提取多组新特征图。

对二维特征图而言,一个卷积核在特征图上做卷积运算时,首先将其中心与特征图中左上中心对齐;其次按相对位置进行卷积运算(对应元素相乘再相加);再次卷积核以特定方式及步长在特征图上滑动并进行卷积运算;最后生成一张新特征图。卷积运算的具体过程如图 7.7 所示。

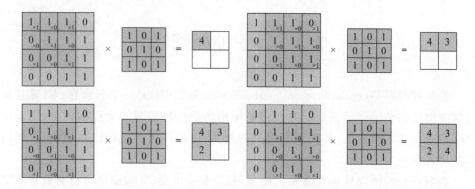

图 7.7 卷积运算

卷积操作具有平移不变性,与全连接层相比,卷积层对于特征的学习更加灵活,能将出现在不同位置的相同特征对应起来。因此,训练卷积神经网络所需要的样本数量相对较少,且模型的鲁棒性和泛化性较强。

（2）池化层（pooling layer）

池化层是卷积神经网络的另一个重要组成部分。池化层通常被用在多个串联的卷积层之后,有助于进一步将视野放宽,降低特征维度,提高特征压缩程度。常用的池化层有最大池化层和平均池化层。对二维特征图而言,首先选定池化区域尺寸和步长,将区域中心与特征图左上边界对齐,计算区域内数值的最大值或平均值,然后按特定方向及步长移动区域中心,最终得到新特征图,其尺寸与区域及步长大小有关,池化运算如图 7.8 所示。

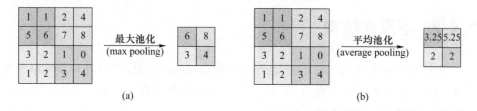

图 7.8 池化运算

7.8.3 上采样结构

上采样（up-sampling）过程也称为解码（decoding）过程,即通过多层网络结构对不同尺度的特征图进行加权聚合,从而还原特征（图像尺寸）的过程。上采样过程常用的层主要包括线性插值层（单线性、双线性、双立方插值）、转置卷积层（也称为反卷积层）。其中线性插值层是一个无可训练参数的算法,而转置卷积层中的卷积核参数可以进行训练调优,因此转置卷积层较为常用且效果较好。

转置卷积的过程即卷积运算的逆过程。卷积运算通过卷积核制造了多个 $N \rightarrow 1$ 的映射关系,并将其用于压缩特征图,而转置卷积运算则通过卷积核制造了多个 $1 \rightarrow N$ 的映射关系,并将其用于将被压缩的特征图恢复到指定的目标特征。通过设定卷积核尺寸及步长,可以确定目标特征图的尺寸。一般为恢复特征尺度,需先在深层特征图相邻像素间插入 0 恢复特征图尺寸,再进行卷积运算。

本章小结

本章首先介绍了 MP 神经元模型,接着介绍了感知机,并重点论述了神经网络的基本运算、相关概念及算法方面的内容,最后补充介绍了卷积神经网络的相关内容。

准确地说,现在的神经网络技术可以帮助企业进行智能化管理。它是一个能对分布式计算机环境实施前期预报管理和智能型管理的解决方案。与传统管理解决方案中需要使用多人以手工方式监控大量系统数据相比,它能够同时自动分析、监控几千个系统的状态参数。如果将这种神经网络技术运用到因特网的管理上,则因特网管理功能将可获得极大的增强。它还可以通过神经智能代理扫描网络,查找潜在的问题,如正在形成的瓶颈现象、违反安全性的行为或设备故障等。它还能够从最终用户的角度提供端到端的响应时间,发现网络资源和用户,提供自动化建议,优化多供应商环境中客户机/服务器应用的服务水平。它还能为企业进行监控和趋势分析,从而使企业具备更加广泛、更加详细的监控和管理功能。

总而言之,神经网络是一种通用的数据挖掘工具。在电子商务领域中,神经网络一次又一次地证明了自己,我们未来的生活将与神经网络密不可分,还有更多的神经网络应用等待着我们的发现。

本章参考文献

[1] 陈强. 机器学习及 Python 应用[M]. 北京:高等教育出版社,2021.
[2] 陈强. 机器学习及 R 应用[M]. 北京:高等教育出版社,2020.
[3] 雷明. 机器学习与应用[M]. 北京:清华大学出版社,2019.
[4] 周志华. 机器学习[M]. 北京:清华大学出版社,2016.

第 8 章

数据仓库和 OLAP

随着网络技术的快速发展,电子商务展现出巨大的市场价值和发展潜力。数据仓库和数据挖掘技术可以把数据转化为有用的信息并帮助企业进行决策,从而使企业在激烈的市场竞争中处于优势地位。

数据仓库是为企业所有级别的决策制定过程,提供所有类型数据支持的战略集合。它是单个数据存储,出于分析性报告和决策支持的目的而创建,可为需要业务智能的企业。数据仓库与数据挖掘通常是相互关联的[1],数据仓库中存储着大量辅助决策的数据,它为不同的用户随时提供各种辅助决策的随机查询、综合信息或趋势分析信息。数据挖掘是利用一系列算法挖掘数据中隐含的信息和知识,以让用户在进行决策时使用。总之,数据仓库是为了数据挖掘做预准备,数据挖掘可建立在数据仓库之上,而且两者的最终目的都是提升企业的信息化竞争能力。

本章首先介绍了数据结构;其次讨论了数据挖掘对数据仓库的要求,并展示了一个典型的数据仓库架构及一些变体;再次介绍了一种规范化数据仓库的途径——联机分析处理(online analytical processing,OLAP)[2];最后讨论了数据挖掘在这些环境中的作用。

8.1 数据结构

在计算机上有许多不同特色的信息。不同层的数据代表不同的抽象类型,通常数据越抽象,数据量越少,如图 8.1 所示。

抽象层是数据挖掘所用数据的一个重要特征。在设计良好的系统中,应该可以通过穿越这些不同的抽象层来获取基本数据以支持汇总操作或商业规则。金字塔底层的数据量较大,往往是数据库的素材资料。金字塔较高层的数据量较少,往往是计算机程序的内容。所有这些层都很重要,因为我们不希望通过分析详尽的数据,而只产生可能已经知道的某些内容。

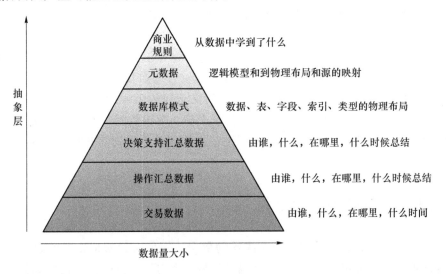

图 8.1　数据的层级

8.1.1　交易数据——基础层

客户购买的每一种产品以及客户的每一次银行交易、每一次网页访问、每一次信用卡消费、每一次乘坐的飞行航段、每一个收到的包裹,甚至每一次电话呼叫都被记录在某些操作系统中。每当客户新开设账户或支付账单时,在某个地方就应该有一条交易记录,记录了关于谁、什么事情、在哪里、何时以及花费多少等信息。这种交易层的数据是了解客户行为的原始材料。然而不幸的是,随着时间的推移,数据的内容、含义以及数量是会变化的,数据会随时间变化这个事实是任何有效的数据仓库方法必须考虑的一部分。

从交易系统收集的数据量可能是巨大的。在一年的时间里,一家快餐店会出售成千上万份快餐,一家连锁超市每天可能会有数万次或十几万次交易,一个大型广告服务器在网站上每天可能跟踪超过 10 亿的广告浏览量,等等。由于数据量巨大,所以人们常常不愿意在数据仓库中存储交易层数据。但从数据挖掘的角度来看,这是很遗憾的,因为这些交易信息最能描述客户的行为。

8.1.2　操作汇总数据

操作汇总与交易的作用相同,两者的差别是操作汇总来源于交易。常见的例子是账单处理系统,它汇总交易数据,通常以一个月或四周为一个周期。这些汇总是面向客户的且常常导致其他交易,如账单支付。在某些情况下,操作汇总可能包括一些字段汇总,这些字段汇总是为了强化公司对客户的了解,而不是为了操作目的。

操作汇总数据与交易数据是有区别的,因为操作汇总对应于一个时间段,而交易代表每次的事件。例如,若考虑订阅客户支付金额数量,则在一个账单系统中,支付数量按照账单定期汇总,有一个付款历史记录表显示每次付款的交易明细。对于大多数客户来说,按月操作汇总和付款交易非常相似,但在同一个账单周期内可能出现两笔付款,因而较多的付款明细信息可以让企业对客户的付款模式有更深入的了解。

8.1.3 决策支持汇总数据

决策支持汇总数据是辅助商业决策的数据。一个实例就是公司的财务数据,这通常被认为是决策过程中最干净的数据;另一个实例是数据仓库和数据集市,其目的是在客户层次上提供记录的决策支持系统。维护决策支持汇总数据就是数据仓库的目的。

从某种意义来说,汇总看似破坏了信息,因为它们对信息进行了聚集。由于这个原因,不同的汇总用于不同的目的。销售点交易可以捕获走过扫描器的每一瓶沙丁鱼罐头的信息,但只有汇总结果,才能用客户在一天中的习惯购物时间段以及其花在罐装食品上的钱占购物消费的比例来描述其购买行为。在这种情况下,客户数据汇总看似在创建信息。

8.1.4 数据库模式

数据的结构内容在实际应用中也是很重要的,如什么数据被存储、数据被存储在哪里、什么数据不被存储等。后文解释了关系数据库管理系统中的主要概念,因为关系数据库管理系统是存储大量数据时常用的系统。

无论数据是如何存储的,区分描述存储的两种方式十分重要。一个是物理模式,从基本软件需要的技术细节上描述了存储的布局,其中一个例子就是 SQL 中由"CREATE TABLE"产生的财务报告书;另一个是逻辑模式,逻辑模式以一种最终用户更容易接受的方式描述该数据。这两种方式并不必相同,甚至不必相似。如图 8.2 所示,逻辑模式有 4 个实体,3 个用于客户生成的事件,1 个用于账户,这 4 个实体的信息都可以在物理模式的联系表中找到,使用"联系_类型"字段区分不同类型的接触,物理模式还指定了确切的类型、分区、索引、存储特性、并行度、值约束以及业务用户可能不感兴趣的其他内容。

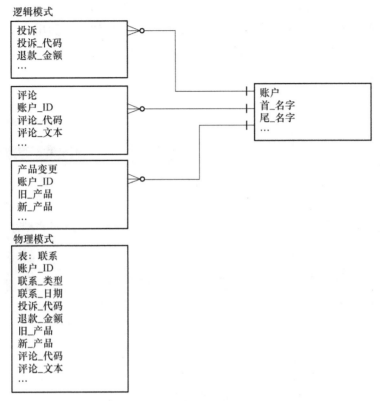

注：➤表示账户可能有0个或多个产品更改；┃表示产品更改只有一个账户。

图 8.2 物理模式和逻辑模式

存储数据最常见的方法之一是在关系数据库管理系统（relational database management system，RDBMS）中存储数据。关系数据库的基本概念始于 20 世纪 70 年代初，是由 E.F. Codd 在研究由元组（我们称之为表中的行）组成的一种特殊类型的集合性质时提出的。从该研究中，他导出了一个包含运算符的关系代数，形成了关系代数数学。图 8.3 描述了关系数据库管理系统的 4 个主查询操作。

这些关系操作是集合运算（如并集和交集）之外的操作，在非科学技术中，这些关系操作如下。

① 根据行中的值过滤已知行的集合。
② 检索已知列的集合并对它们进行基本操作。
③ 分组行并聚集列的值。
④ 基于列中的值将两个表格连接在一起。

这些关系操作详细地说明了对元组可以做什么。有趣的是，这种关系操作不包括分类（输出目的除外）。事实上，关系数据库管理系统经常通过分类来进行分组或连接操作。然而，对于这些运算也存在以无分类为基础的算法。

20世纪80年代由IBM开发的SQL(结构化查询语言),已经成为访问数据库和实现这些基本运算的标准语言。SQL支持子查询(也就是说利用一个查询结果作为另一个查询的表),这使得表达某些复杂数据操纵成为可能。

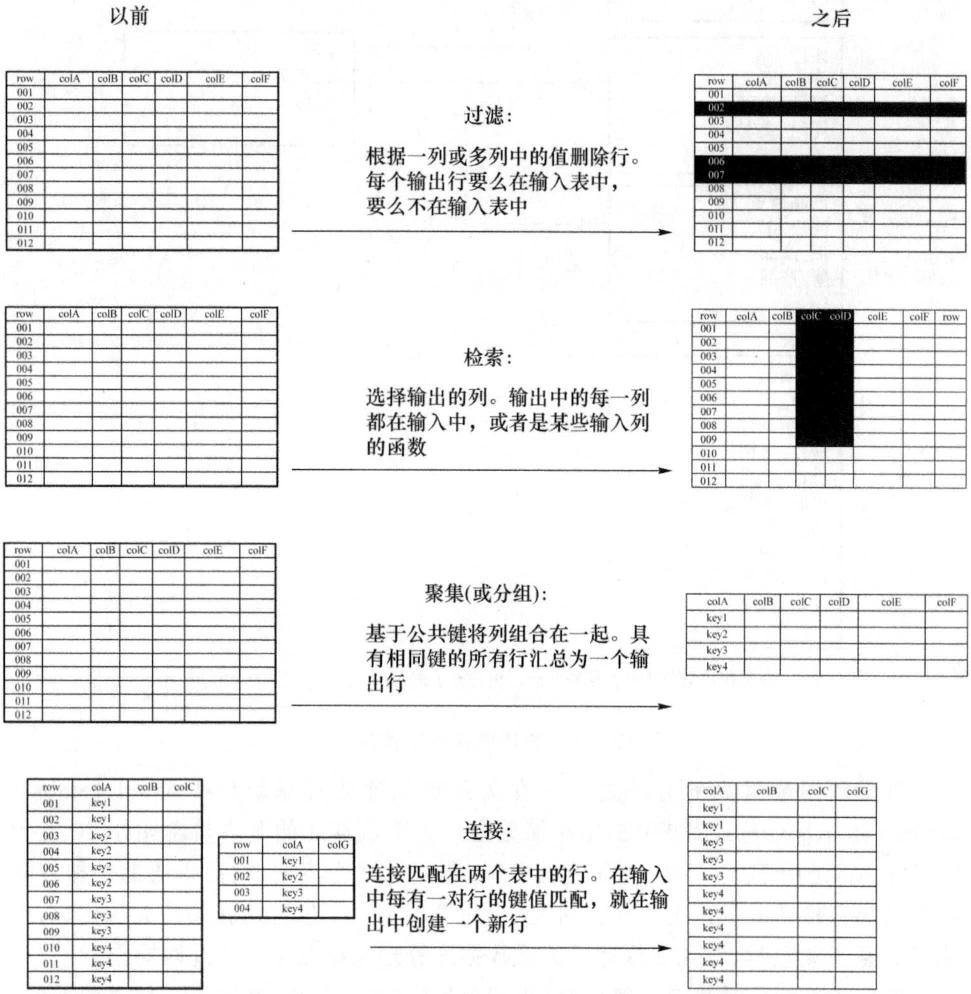

过滤:根据一列或多列中的值删除行。每个输出行要么在输入表中,要么不在输入表中

检索:选择输出的列。输出中的每一列都在输入中,或者是某些输入列的函数

聚集(或分组):基于公共键将列组合在一起。具有相同键的所有行汇总为一个输出行

连接:连接匹配在两个表中的行。在输入中每有一对行的键值匹配,就在输出中创建一个新行

图8.3 关系数据库管理系统的4个主查询操作

表示数据库结构的常用方法是使用实体关系(E-R)图。图8.4是一个简单的E-R图,其中包含5个实体和4种联系,描述的是一个简单的信用卡数据库的数据布局。在这个例子中,每个实体都对应于一个独立的表,其中的列对应于实体的属性。此外,还包含一些表示数据库中表之间联系的列,这些列被称为键(外键或主键)。在数据库表中,使用一致的命名习惯显式地存储键,有利于自如地使用数据库。

规范化背后的一个重要思想就是创建参照表,每个参照表逻辑上对应于一个实体,且都有一个键用以查找关于实体的信息。在一个规范化的数据库中,连接操作通常用于在参照表中查找数值。

关系数据库是存储和访问数据的有力方法。然而,这种设计主要关注更新和处理大量的交易数据。数据挖掘的兴趣在于将数据结合在一起以发现更高层的模式。在通常情况下,数据挖掘会用到许多查询语句,每一个查询都需要几个连接、几个聚集和子查询(一群真正的"杀手"查询)。

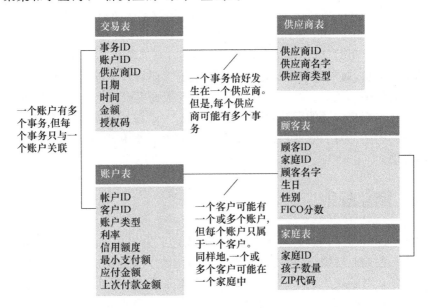

图 8.4　实体关系图

对数据挖掘来说,关系数据库及 SQL 有一些局限性。一个问题是它们对时间序列几乎不提供支持。这使得很难从交易数据中推测出第二次产品的购买时间、客户所响应的最后三次商品促销或者事件发生的次序等事实,这些可能需要非常复杂的 SQL。另一个问题是两个操作常常会无意间消除字段。当一个字段包含一个缺失值(NULL)时,它会自动舍弃任何比较关系,甚至"不相等"关系。同样地,默认的连接运算(称为内连接)会删除不匹配的行,这意味着客户可能无意间被排除在数据查询之外。SQL 中的运算集并非特别充足,尤其是那些文本和日期字段。因此,每个数据库销售商都会把标准的 SQL 进行扩展,以便包括稍有不同的功能集合。

8.1.5　元数据

元数据超越数据库模式给出了更多的信息,它可以使商业用户理解什么类型的信息被保存在数据库中。从本质上讲,它是关于系统的文档编制,包括以下信息：
　　① 每一个字段许可的数值；
　　② 对每个字段内容的描述（如开始日期到底是出售日期还是激活日期）；
　　③ 数据加载时的日期；
　　④ 数据最近更新程度的表示（在一个支付周期之后，什么时候支付数据进入系统）；
　　⑤ 源数据与目标数据之间的映射（在某源系统中，表 A 中的 ID 就是表 B 中的 ID 字段）。

　　当元数据可用时，就提供了一种宝贵的服务；当元数据不可用时，就需要收集这种类型的信息，通常可以从友好的数据库系统管理员和分析家那里得到，这时每个人的时间效率都较低。对于数据仓库而言，元数据提供规律，因为仓库的变化必然反映在将与用户沟通的元数据中。总体来说，一个好的元数据系统有助于确保数据仓库的成功。对于数据挖掘者来说，元数据在捕捉和理解数据方面提供了有价值的帮助。

8.1.6　商业规则

　　抽象层的最高层是商业规则。这些规则描述了为什么会存在关联以及如何应用关联。某些商业规则很容易获取，因为它们反映了商业历史——什么样的交易活动会在什么时候发生，什么样的产品在何时是有用的，等等；有些商业规则较难得到，它们经常深埋在代码片段内及旧的备忘录中。没有人会记得为什么欺诈检测系统会忽略低于 500 元以下的索赔。也许以前有一个好的商业理由，但一旦规则被植入计算机代码，这个理由、这个商业规则便常常会被丢掉。

　　商业规则与数据挖掘有一个相近的关联。某些数据挖掘技术，如购物篮分析和决策树等，会产生简明的规则。这些规则通常可能是已知的。例如，电话呼叫和等待一起出售可能没有意义，因为它只是作为捆绑销售的一部分来售出的。或者，一个直接邮寄模型所对应模型的最终目标仅仅是富人区，可能反映出这样一个事实——用于构建这个模型的历史数据是有偏离的，因为模型集只在这些地区有响应者。在数据中发现商业规则既是成功的也是失败的。找到这些规则是复杂算法的成功应用，但是，在数据挖掘中，我们希望找到可操作的模式，然而这样的模式是不可操作的。

8.2　数据仓库的基本结构

　　有多层途径通往数据仓库，这使我们认识到数据需要有多种不同形式的来源。

数据仓库提供了一个广泛的系统用于决策支持方面的数据管理[3]，这种结构的主要组成部分的信息如下。

① 源系统是数据的来源。

② 提取、转换和加载(extract transformation and load,ETL)会使数据在不同数据存储单元间移动。

③ 中央存储库是数据仓库的主要存储地。

④ 元数据存储库描述了什么数据是有用的和它存储在哪里。

⑤ 数据集市为最终用户及应用提供快速、专门的存取。

⑥ 操作反馈整合决策支持，并将其送回操作系统中。

⑦ 最终用户是开发数据仓库的首要原因。

实际上，在每一个系统中都存在一个或多个这样的组成部分，它们是贯穿整个企业决策支持的重要构件，下面关于这些组成部分的讨论将沿着一个数据流途径进行，这些数据像流水一样，它起源于源系统，流过数据仓库的各个组成部分，最后把信息和数值传递给最终用户。这些组成部分依赖一个由硬件、软件及网络组成的技术基础，这种底层结构功能必须足够强大，以同时满足最终用户的需求，以及不断增长的数据和数据处理的需求。

8.2.1 源系统

数据起源于源系统，源系统通常是由操作系统和外部数据输入。例如，可能每几个月就会清理一次交易数据以减少存储压力，相同的信息可能会以不同的方式表现出来。再例如，一个零售点源系统使用"退还物品"标志来表明退还商品。在这个实例中，在购买字段应该有一个负的数量，在现实世界中这种不规则现象大量存在。

通常，客户关系管理人员所感兴趣的数据信息并不是特定收集到的。例如，在电话公司中，有6种识别商业客户的可能方式。

① 利用客户类型指示项："B"和"C"分别代表商业客户和普通客户。

② 利用费率计划：一些只销售给商业客户，另一些给普通客户。

③ 利用获取渠道：一些渠道是预留给商业客户的，另一些是给普通客户的。

④ 利用电话线分机数目：普通客户是1或2，商业客户则更多。

⑤ 利用信用分类：与普通客户相比，商业客户使用的是一个不同的信用卡系列类型。

⑥ 利用一个基于商业客户可能呼叫模式的模型得分。

显然，这些方式常常并不会给出一致的结果。在数据仓库中面临的一项挑战是获得能够在整个商务活动中使用的一致的定义，做到这一点的关键是元数据能清楚地给出每个字段的准确含义,这样每个使用数据仓库的人都使用同样的语言。

为决策支持收集数据的重点在于操作系统,因为这些系统最初是为交易过程设计的。以统一的格式将数据聚集在一起几乎总是实现数据仓库解决方案的过程中花费时间最多的部分。

源系统也带来了其他类型的问题。它们通常运行在各式各样的硬件上,且相当数量的软件是由内部或高级用户创建的。这些系统一般是大型机或中型机系统,且通常使用复杂的、独有的文件结构。大型机系统设计用于支持和处理数据,而不是共享数据。系统越来越开放,访问这些数据将随之成为一个问题,特别是当不同的系统用于支持企业内不同的部门时。而且,系统可能按地理区域分布,这会进一步加剧将数据整合到一起的困难程度。

8.2.2 提取、转化和加载

从源系统将数据映射和移动到其他环境,提取、转化和加载工具解决了从各异的系统收集数据的问题。数据移动和清理以前通常是由程序员负责完成的。必要时,他们会编写一段专用的程序代码。当系统扩展以及源系统发生变化时,这种针对特殊应用的代码会变得脆弱。

虽然编写程序可能还是必要的,但现在已经有了能够解决大部分ETL问题的工具。这些工具可以详细列出源系统清单,在不同的表格和文件之间进行映射。它们提供了验证数据的能力,并在加载不成功时抛出错误报告。这些工具同样支持在表中查找数据(所以只有已知的产品代码可以加载到数据仓库中)。这些工具的目标是描述数据来自哪里以及出现了什么问题,而不是为了编写出按部就班工作的代码,将数据从一个系统提取出来置入另一个系统。标准的程序语言,如COBOL和RPG,关注的是每一步而不是需要处理的整体问题。ETL工具通常提供一个元数据界面,以便最终用户能够了解在中央存储库加载期间他们的数据发生了什么变化。

8.2.3 中央存储库

中央存储库是数据仓库的中心。它通常是一个关系数据库,可以通过某些SQL的不同变体来访问关系数据库。关系数据库的优点之一是它们可以运行于功能强大、可以升级的计算机上,并且可以利用计算机多处理器和磁盘阵列。例如,大多数统计学软件包和数据挖掘包可以同时进行多线程处理,每个线程都代表一个任务,在一个处理器上运行。更多的硬件并不能让任何给定的任务运行得更快(除非有其他任务恰好干扰它)。而关系数据库可以取单个查询,从本质上创建同时运行的多个线程来处理一个查询。最后的结果是，在强大的计算机上进行数据密集的应用时，使用关系数据库通常比使用非并行软件更快——数据挖掘正是一种数据密集的应用。

中央存储库中的一个关键部分是逻辑数据模式，它以商业用户熟悉的术语描述数据库内的数据结构。逻辑数据模式通常会与数据库的物理布局（或模式）相混淆，但两者之间有一个关键的区别，物理布局的目的是使数据库的性能最优以及为数据库管理员（database administrator，DBA）提供信息，而逻辑数据模式的目的是把数据库的内容传达给更广泛的、技术层次较低的受众。商业用户必须能理解逻辑数据模式——实体、属性及联系，物理模式是逻辑模式的一个执行工具，是沿着将系统性能最优化这一方向进行的折中和选择。

数据仓库是用于管理记录的决策支持系统的一个过程。当用户需求随时间变清晰和发生其他变化时，这个过程是能够按用户需求来调整的。用户的需求按时间变化时，这个过程能够对商业变化做出响应。如果没有意识到"当用户获知关于数据和商务的内容后，他们希望市场营销的时间度量（数天和数周）也出现变化和增强，而不是只增强 IT 的时间度量（数月）"这一点，则中央存储库本身将是脆弱的、无用的系统。

8.2.4 元数据存储库

在前面有关数据层次的讨论中，我们已经讨论了元数据。它也可以被认为是数据仓库的组件。同样地，元数据存储库是一个常被忽视的数据仓库环境的一部分。元数据的最底层是数据库模式，即数据的物理布局。当正确使用的时候，元数据非常多。它回答了最终用户关于数据有效性的问题，为用户提供工具，可用于浏览数据仓库的内容，让每个人对数据更有信心，这种信心是开发新应用及扩大用户量的基础。

一个好的元数据系统应该包括以下几个方面。

① 带注释的逻辑数据模型，这种注释应该说明实体和属性，包括有效值。
② 从逻辑数据模式到源系统的映射。
③ 物理模式。
④ 从逻辑模式到物理模式的映射。
⑤ 访问数据的常见视图和规则，对一个用户有用的东西可能对其他用户也是有用的。
⑥ 加载并更新信息。
⑦ 获取信息。
⑧ 最终用户和开发者接口，以便共享数据库的相同描述。

在任何一个数据仓库环境中,这些信息片段中的每一个均可以在某些地方找到,如在 DBA 写出的脚本中,在电子邮件、文件、数据库的系统表中等。元数据存储库可以让用户得到这些有用的信息,并用一种他们容易理解的格式。关键就是给用户提供访问权限,以便他们能够方便地利用数据仓库,使用它所包含的数据以及知道如何使用它。

8.2.5 数据集市

数据集市是为了特定的应用目的从数据仓库中独立出来的一部分数据,也称为部门数据或主题数据。在数据仓库的实施过程中往往可以从一个部门的数据集市着手,再逐渐用几个数据集市组成一个完整的数据仓库。需要注意的是,在实施不同的数据集市时,相同含义字段的定义一定要相容,以免未来实施数据仓库时出现问题。

8.2.6 操作反馈

操作反馈系统将由数据得来的决策返回到操作系统中。例如,一家大型银行可能会开发交叉销售模型,以确定下一步将向客户提供什么样的产品。这是数据挖掘系统的结果。然而,为了使它有用,这一结果需要返回操作系统。这就要求有一个从决策支持基础设施返回进入操作基础设施的联系。

操作反馈可提供快速完成有效数据挖掘循环的能力。一旦建立一个反馈系统,需要参与的工作仅仅是监测和改进它——为了让计算机做到最好(重复性的任务),让人们做到最好(发现重要的模式并提出想法)。以 Web 为基础的商业活动的优势之一是,从理论上讲,它们能够以一种完全自动化的方式为操作系统提供反馈。

8.2.7 最终用户

在任何数据仓库中,最终用户都是最重要的组成部分。没有用户的系统就没有创建的价值,这些最终用户是那些查找信息的分析师、应用软件开发者,以及依照信息进行商务活动的商业用户。

1. 分析师

分析师想访问尽可能多的数据来辨别模式和创建特定报告。他们使用专门的工具,如统计软件包、数据挖掘工具及电子数据表等。分析师常常被认为是数据仓库的主要受众。通常,仅仅只有少数技术经验丰富的人属于这一类。尽管他们所做的工作很重要,但也很难判断一个基于增加生产力的大型投资是否正确。数据挖掘良性循环正是在这里开始起作用的,数据仓库以干净的、有意义的格式把数据聚集在一起。尽管它的目的是刺激创造力,但要测量它却是一个非常难以实现的想法。

分析师对数据仓库有着非常特殊的要求:

① 系统必须能做出响应。太多的分析工作是以用特定分析或特定疑问的形式来回答紧迫问题的方式进行的。

② 在整个数据库中数据必须相互一致。也就是说,如果第一个客户从某个特定日期开始出现,那么第一件产品、渠道等都应该准确地在那个日期出现。

③ 数据必须在整个时期内一致。某个有特殊意义的字段在一定时间内回溯时必须有相同的意义。至少,其不同点应该有备份文件说明。

④ 必须能够深入客户层次,最好是交易层次的细节,以验证数据仓库中的值,并发展出关于客户行为的新概要。

分析师给数据仓库加上了一个很重的负担,因为他们需要及时访问一致的信息。

2. 应用软件开发者

数据仓库通常支持一个宽阔的应用范围(换句话说,数据集市有各种各样的方式)。为了开发稳定及强有力的应用软件,应用软件开发者对数据仓库有一些特殊的要求。

第一,应用软件开发者正在开发的应用软件需要与数据仓库的结构变化相隔离。新表、新字段及对现有表结构的改造,应该对现有应用的影响尽可能地小。特殊的应用——特殊的视图可帮助提供这项保证。

第二,应用软件开发者需要访问有效字段值,且需要知道该值代表什么意义,这是元数据库的目的所在,它提供数据结构中的文档说明。通过建立应用程序并以元数据中的期望值校验数据值,开发者能够避免在应用软件完成后经常出现的问题。

应用软件开发者也需要在数据仓库的结构上提供反馈。识别必须包括在仓库中的新数据以及利用已经加载的数据来修正问题,是改进数据仓库的基本方法之一。因为真正的商务需要推动应用软件的发展,了解开发者的需求,以确保数据仓库包含的它所需要递送的商业价值的数据是重要的。

数据仓库将会发生变化,而应用软件将持续使用它,达到成功的关键是控制及管理这种改变。应用软件的目标是为最终用户服务,数据仓库的目的是满足用户的数据需求,而不应是反过来。

3. 商业用户

商业用户是由公司数据仓库得来的信息的最终使用者。他们的需求推动着一系列方面的发展,包括应用软件、仓库的体系结构、所包含的数据及执行的优先级等。

多数商业用户仅通过打印好的报告、静态的联机报告或电子数据表体验仓库——基本上与他们长时间使用的收集信息的方式相同。即使如此,这些用户也会体验到拥有一个数据仓库的威力:报告变得更加精确、更加一致,而且更容易生成。

更重要的是,那些在办公桌上使用计算机的人乐意利用直接方式访问数据仓库环境。在通常情况下,这些用户访问中间的数据集市来满足绝大多数信息需求,使用的是运行在他们熟悉的桌面环境上的友好图形工具。这些工具包括现成的查询生成器、客户应用软件、OLAP界面及报告生成工具等。有时候,商业用户可以深入中央存储库中探究那些在数据中发生的特别有趣的事情。更多的时候,他们会联系一个分析师,让他(或她)做一些更繁重的分析工作。

商业用户也会有针对有特殊目的的应用软件,其中也许嵌入了前几章中讨论过的数据挖掘技术。例如,一个资源调度应用软件可能包含利用遗传算法来优化时间安排的引擎,一个销售预测应用软件可能含有内置的生存分析模型。当嵌入一个应用软件时,数据挖掘算法对最终用户通常完全隐藏起来,用户更加关心的是结果,而不是产生结果的算法。

8.3 OLAP 的适用领域

近十几年来,人们利用信息技术生产和搜集数据的能力大幅度提高,大量的数据库被用于商业管理、政府办公、科学研究和工程开发等,并仍将持续发展下去。于是,一个新的挑战被提了出来:在这被称为信息爆炸的时代,信息过量几乎成为人人需要面对的问题,如何才能不被信息的"汪洋大海"所淹没,从中及时发现有用的知识或者规律,提高信息利用率呢? 要想使数据真正成为一种决策资源,只有充分利用它,让它为一个组织的业务决策和战略发展服务才行。否则大量的数据可能成为包袱,甚至成为垃圾。OLAP是解决这类问题的最有力工具之一。

OLAP是被专门设计用于支持复杂分析操作的,侧重对分析人员和高层管理人员的决策支持,可以应分析人员的要求快速、灵活地进行大数据量的复杂查询处理,并且以一种直观易懂的形式将查询结果提供给决策制订人,以便他们准确地掌握企业的经营状况，了解市场需求，制订正确方案，增加企业效益。OLAP软件以它先进的分析功能和以它多维形式提供数据的能力，正作为一种支持企业关键商业决策的解决方案而迅速崛起。

OLAP针对特定查询系统进行了重要改进——OLAP系统在设计数据结构时考虑了用户。这种强大而高效的表示法被称为立方体，它非常适合于分片及分块数据。该立方体本身存储在关系数据库中（典型的是星形模式），或者存储在一个由OLAP运算优化的多维数据库中。此外，OLAP工具提供了非常方便的分析功能[4]，这在SQL中很难甚至是不可能进行的。如果非要说OLAP工具的一个缺点，那就是它使得商业用户只关注于数据所代表的维。与之不同的是，数据挖掘对于创造性思维是特别有价值的。

建立立方体时要求对数据和最终用户的需求进行分析，这通常由熟悉数据和工具的专家通过一个称为多维度建模的过程来完成。虽然设计和加载OLAP系统需要一项初始投资，但其结果为最终用户提供了信息及快速访问方式，它通常比从查询生成工具处得到的结果更有帮助。一旦构建了立方体，响应时间就几乎可以秒为单位计算，这允许用户探索数据并深入了解他们遇到的所有重要特征。

OLAP是对以往方法的强大改进。它的威力依赖3个关键特性。

第一，一个设计良好的OLAP系统有一组相关的维，如地理、产品、时间等，这对于商业用户很容易理解。这些维对于数据挖掘目的通常是重要的。

第二，一个设计良好的OLAP系统有一组与商业相关的有用的度量。

第三，OLAP系统允许用户分片、切块数据，有时可深入顾客层次。

上述这些能力是对数据挖掘的补充，但不是它的替代。不过，OLAP是数据仓库体系结构中非常重要的一部分（甚至可能是最重要的一部分），因为它拥有最多的用户数量。

8.3.1 立方体中的内容

了解OLAP的一个好方法是将数据看作把一个立方体分割成多个子立方体，如图8.5所示。虽然这个例子使用了三维，但OLAP可以有更多维。三维对于说明目的是很有用的。这个例子显示了一个典型的零售业立方体，其中第一个维度表示日期，第二个维度表示产品，第三个维度表示商店。每个子立方体都包含各种度量，表示关于该种产品在某个日期正在发生的事情，如：

- 销售项目总数；
- 项目价值总和；
- 项目中折扣总和；
- 项目库存成本。

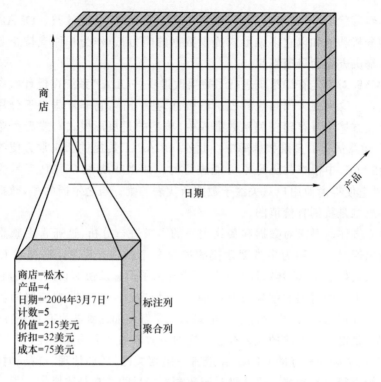

图 8.5　OLAP 立方体

各种度量被称为事实。作为一项经验规则,维度是由分类变量(categorial variable)组成的,而事实是数值型的。当用户分片切块数据时,他们正从许多不同子立方体中聚集那些事实。维度被用于确定查询中使用了哪一个子立方体。

即使是上面所描述的一个简单的立方体,它也是非常有用的。图 8.6 给出了一个示例,它汇总了立方体中的数据,回答了"有多少天,一个特定商店没有销售一种特定产品"的问题。这样的问题需要通过商店及产品维度来确定哪个查询使用了哪个子立方体。这个问题仅考虑了一个事实,即售出项目的数目,返回所有该数据为 0 的那些日期。以下是另外一些相对容易回答的问题:

- 在过去一年里,销售项目的总和是多少?
- 以月为单位计数,东北地区的商店年销售与往年相比情况如何?
- 11 月每个商店的全部利润(利润是指客户所付价钱减去库存成本)是多少?

当然,获取能够回答这些问题中一个问题的报告的难易程度,取决于该报告界面的具体执行方式。然而,即使对于特殊报告,访问立方体结构也比访问一个规范化关系数据库来说更容易一些。

1. 立方体的 3 种变体

上文所描述的立方体是一个概要数据立方体的例子,这是在 OLAP 中很常见的例子,然而,并不是所有的立方体都是概要立方体,而且,针对不同目的,一个数据仓库可能包含许多不同的立方体。

还有一种类型的立方体代表的是个别事件,叫作事件立方体。这些立方体包含与客户互动的最详细的相关数据,如呼叫客户服务、付款、个人账单等。概要是通过聚集整个立方体的事件得到的,这种事件立方体常有一个客户维度或某些相似的事情,如账户、Web cookie 或家庭,这些事情可以把事件与客户联系起来。通常,很少数目的维度(如客户 ID、日期和事件类型)就可以识别每个子立方体。然而,一个事件立方体通常还有一些其他的维度,它们提供了更详细的信息,对于聚集数据非常重要。这样一个表中的事实往往包含美元的具体金额和总数。

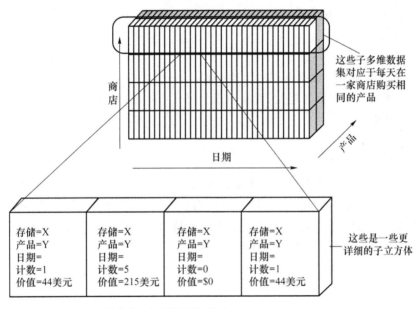

图 8.6 立方体示例

第三种立方体类型是事件立方体的变体。这是一个没有事实的事实表,它的目的是代表某些事件发生的证据。例如,可能有一个没有事实的事实表,它详细地说明了包括在直接邮寄活动中的潜在顾客,这样的事实表可能有下列的一些维数:

- 潜在客户 ID(也许是家庭 ID);
- 潜在客户来源;
- 邮寄的目标日期;
- 消息类型;
- 创造性类型;
- 优惠类型。

在这种情况下,可能没有关于个人姓名的任何数值型事实可供存储。当然,对于维度,可能有令人感兴趣的特征,如该优惠的促销花费和购买名单的花费等。但这个数据可以通过维度得到,因而不需要在单个潜在客户的层次上进行重复。

不管事实表的类型如何,都有一个重要的规则:任何一条特别的信息都应该刚好落入一个子立方体中。一旦违反了这一规则,立方体就不能被随意地用于各种各样维度的报告。这一规则的一个必然结果是:当一个OLAP立方体被加载时,追踪所有出现意外维度值的数据是非常重要的。每一个维度都应该有一个"其他"类,以保证所有进来的数据都有位置。

设计有效的立方体时,除了要谨记插入立方体的每条记录应该刚好处于一个子立方体中(这条是最为重要的基本规则)外,还要谨记以下3件事情:
- 确定事实;
- 处理复杂的维度;
- 使维度在整个数据仓库中保持一致。

当试图发展立方体的时候,就会出现上述3个问题,解决它们对于立方体用于分析目的是很重要的。

2. 事实

事实就是每一个子立方体的度量。最有用的事实是可以求和的,因而它们可以把许多不同的子立方体结合在一起,从而在任何汇总层次上提供查询的响应。可求和的事实可以使我们在任意维度方向上或同时沿几个不同的维度来汇总数据——这恰恰是使用立方体的目的所在。

可求和事实示例:
- 计数;
- 具有一个特定值的变量计数;
- 合计持续时间(如花费在某个Web站点上);
- 合计币值。

某一天花费在某件特定商品上的总金额就是某一家商店花费在该产品上的金额总数,这是一个可求和事实的好例子。但不是所有事实都是可求和的,不可求和的例子包括:
- 平均值;
- 唯一计数;
- 不同立方体共享事物的计数,如交易。

平均值并不是一个不可求和事实的重要例子,因为平均值是总数除以计数。由于其中的每一个都是可求和的,可以结合这些事实来导出平均值。其他实例更有意义,一个重要的问题是有多少独特的客户做某个特别的举动。虽然这些数值能够在子立方体中存储,但这些数值不是可求和的。考虑具有日期、商店、产品维度的一个零售立方体。个别客户可能在多个商店中购买项目,或在一个商店中购买多个项目,或在不同的时间进行购买。包含独特客户数目的字段有关于某个客户在多个子立方体中的信息,这违反了 OLAP 最重要的规则,因此,该立方体将不能报告独特的客户。

当试图计算交易数目时会发生类似的事情,因为关于交易的信息可能存储在几个不同的子立方体中(个别交易可能包括多项产品),交易计数也违反了 OLAP 的重要规则。这种类型的信息不能在概要层上收集。

关于事实需要注意的另一个问题是,不是所有的数字型数据都可以作为立方体的事实。例如,多少岁是数值型的,但把它作为一个维比作为一个事实更好。还有一个例子是客户价值,把客户价值的离散范围当成一个维在许多情况下比试图将客户价值当成事实更有用。

在设计立方体时,为一组相关的数值创建一个计数或总和,很容易把事实与维度混淆到一起,如:

- 保有期少于 1 年、为 1～2 年、超过 2 年的活跃顾客计数;
- 在每周工作日中的花销数量、在每个周末的花销数量;
- 某周中每天的总数。

上述中的每一个都建议立方体建立另外的维:第一个应该有一个客户保有期维,它至少有 3 个值;第二个出现在一个以月为时间维的立方体中,这些事实建议需要一个每日概要,至少可以沿着一个维分离工作日和周末;第三个建议需要一个以天数间隔为单位的日期维。

3. 维及其分层

有时,单个列似乎适合多个维度。例如,OLAP 对于可视化按时间变化的趋势是一个好的工具,如销售数据或财务数据等。在图 8.7 所示的示例中,一个特定日期潜在地表现了多维的信息:

- 周几;
- 月份;
- 季度;
- 年份。

一种方法是将每一个都作为一个不同的维。换句话说,可能会有 4 个维度:一个是周几;一个是月份;一个是季度;一个是年份。这样,2004 年 1 月的日期将是一个子立方体,即 1 月份维度与 2004 年维度相交的地方。但这不是一个好方法。多维建模发现,时间是一个重要的维,并且可以有许多不同的属性。除了上面描述的属性外,还有该周属于一年中的哪一周,该日期是假日还是工作日,等等。这样的属性存储在参照表中,称为维表。维表使在不改变根本数据的情况下改变维的属性成为可能。

维表包含许多不同的属性,描述该维的每个值。例如,一个详细的地理维可能由邮政编码创建,它包括关于邮政编码的几十个概要变量。这些属性能够用于过滤(如有多少客户在高收入地区)。这些值被存储在维表而不是事实表中,因为它们不能正确地聚集。如果一个邮政编码区域有3个商店,一个邮政编码的人口事实将会被求和三次——总人口乘以3。

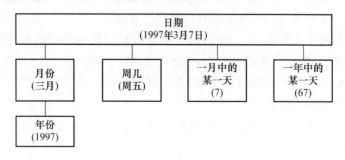

图8.7 日期的多重分层

通常,维表以维的最新数值更新。这样,商店维可能包括当前的一组商店以及关于商店的信息,如布局、面积大小、地址、经理姓名等。然而,所有这些都可能按时间发生变化。这样的维被称为缓慢变化维,它对于数据挖掘有特殊的意义,因为数据挖掘意图重建精确的历史。缓慢变化维超出了本书的范围,有兴趣的读者可以翻阅 Ralph Kimball 写的相关书。

4. 一致维

正如前文提到的,数据仓库系统通常包含多个OLAP立方体。OLAP的某些功能就是从共享不同立方体维的实践中发现的。这些共享维称为一致维,如图8.8所示,它们有助于确保通过不同系统报告的商业结果应用一组相同的基本商业规则。

一个一致维的典型例子是日历维,它记录了每天的属性。日历维非常重要,它是每个数据仓库的一部分。然而,数据仓库的不同成分可能要求不同的特征。例如,一个跨国企业可能包括不同国家的不同节假日,如可能会有中国节假日、英国节假日、法国节假日等,故该企业不能采用总体的节日标记方法。例如,1月1日是大多数国家的节假日,然而10月1日仅是中国重要的节假日。

创建OLAP系统面临的挑战之一是设计一致维,以便使它适用于一系列广泛的应用。针对某些目的,地理位置有时候可能用城市和州来描述最好;有时候可能用国家来描述最好;有时候可能用人口普查区域来描述最好;有些时候可能用邮政编码来描述最好。不幸的是,这4种描述方法不完全一致。多维建模可以帮助我们解决这种冲突。

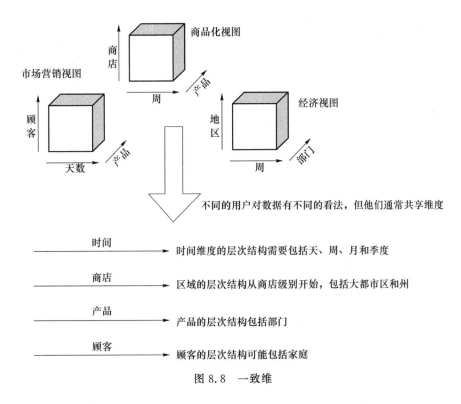

图 8.8 一致维

8.3.2 星形模式

使用被称为星形模式的非标准化数据结构[5],很容易在关系数据库中存储立方体,这是由 OLAP 的一位资深研究者 Ralph Kimball 设计的。星形模式的一个优点是它可以使用标准数据库技术实现 OLAP 的强大功能。

星形模式始于一个对应于商业事实的中心事实表。这些可能处于交易层次(对于一个事件立方体),尽管它们常常是较低层次的交易概要。对于零售业务,中心事实表可能包含每种产品在每个商店的日销售概要。对于一个信用卡公司,事实表包含的行对应于每个客户的每一笔交易,或者是基于产品(基于卡的类型及信用限制)、客户片段、商业类型、客户地理位置及月份的花费概要。对于一个对机器修理历史感兴趣的柴油机制造商,中心事实表可能包含每台机器每一次的修理记录,或每个商店按照机器修理类型给出的每日修理概要。

中心事实表中的每一行都包含使它唯一的一些键的组合。这些键称为维(dimension)。中心事实表也有其他列,通常包含对应于每一行的数值型信息,如交易总量、交易数目等。与每一个维关联的辅助表格称为维表(dimension table),它包含对应于维的特别信息。例如,日期的维表可能详细说明某个特定的日期是哪年哪个月份的周几以及是不是节假日。

在图表中,维度与中心事实表相连,结果在形状上很像一个星星,如图 8.9 所示。事实上,星形模式不可能有效地回答所有用户的问题,因为中心事实表太大。在这种情况下,OLAP 系统在不同层上引入了概要表以方便查询响应。关系数据库生产商已经对星形模式提供了越来越多的支持。利用一个典型的结构时,对中心事实表的任何查询都将需要多次连接回维表。通过应用标准索引、创造性地增强索引技术,关系数据库能够相当好地处理这些查询。

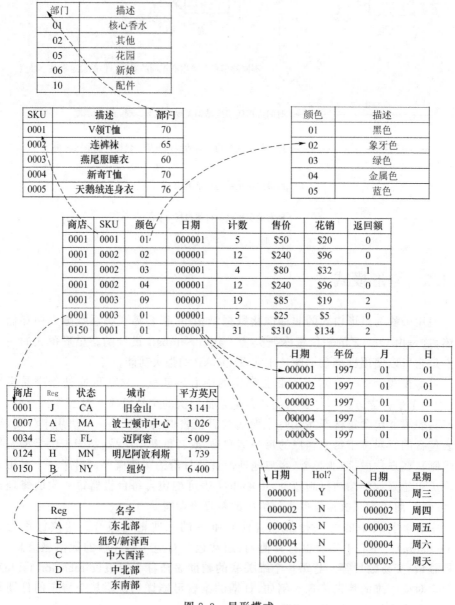

图 8.9　星形模式

8.3.3 OLAP和数据挖掘

数据挖掘是为实现决策支持目的而对数据进行的成功开发[6]。数据挖掘进程需要给人们提供反馈,并鼓励使用从数据挖掘中获得的信息来改善商业过程。它可以使人们提供输入,以观察和假设的形式,预测什么结果是重要的以及如何应用那些结果。

在很复杂的数据开发环境中,OLAP作为一种拓宽数据访问受众的手段,很显然扮演着重要的角色。以前只能基于经验和猜测做出决策,现在可以基于数据和数据中的模式进行决策。有时通过使用最复杂的数据挖掘技术,异常和异常值可以被识别并为进一步的研究和建模做准备。例如,在使用OLAP工具的情况下,某个用户可能发现在某周的一个特定时间某个特定项目销售得更好。在这种情形下,可使用购物篮分析进行研究,以找到与该物品同时购买的物品。购物篮分析可能对于观察到的行为给出一个解释——更多信息和更多利用信息的机会。

数据挖掘和OLAP之间还有其他的协同作用。在第5章中讨论的决策树的特点之一是,具有识别在数据中与特殊结果相关的最具信息价值特征的能力。也就是说,如果一个决策树是为了预测流失而创建的,那么树的上层将会有重要流失预测器的特征。这些预测器可能是使用OLAP工具时的一个好选择。这样的分析有助于构建更好、更有用的立方体。构建立方体的一个问题是如何使连续的维度离散。决策树的节点可以帮助确定一个连续值的最佳断点。这些信息可以被输入到OLAP工具中来改善维。

OLAP和数据挖掘是互补的,通过定义合适的维度(更进一步,通过确定在维中如何断开连续值),数据挖掘能够帮助构建更好的立方体。OLAP提供了一个强大的可视化功能,以帮助用户更好地理解数据挖掘结果,如聚类和神经网络。联合使用OLAP和数据挖掘,二者可以增强彼此的优势,并为数据开发提供了更多的机会。

8.4 数据挖掘和数据仓库的联系

数据挖掘在数据仓库环境中扮演着重要的角色[7]。数据仓库的初始回报来自已有的自动化流程,如使报告在线,并给已有的应用软件一组清洁的数据源等。最大的回报是数据访问降低了数据访问的难度,激励了改革和创新——这些都源于观察和分析数据的新方式。这就是数据挖掘的作用——提供工具以改善理解,并基于对数据的观察激励创新。

一个好的数据仓库环境可以作为数据挖掘的良好催化剂,这两项技术可以一起使用。

① 数据挖掘在大量数据的基础上茁壮成长,数据越详细越好——数据来自数据仓库。

② 数据挖掘在清洁和一致的数据中茁壮成长——利用了数据清理工具。

③ 数据仓库环境支持假设测试,可有效简化数据挖掘有效周期中的衡量工作。

④ 可升级硬件和关系数据库软件能够分担数据挖掘的数据处理部分的工作。

然而,数据挖掘的观点与数据仓库的观点存在差别。规范化的数据仓库能够引入时间戳来存储数据,但是进行时间相关的处理是非常困难的,如确定什么事件正好会在其他感兴趣的事件之前发生。OLAP 引入了一个时间轴,数据挖掘把这种思想扩展得更远,甚至可以考虑"之前"和"之后"的概念。数据挖掘从数据("之前")中学习,目的是把学到的知识用于未来("之后")。正是由于这个原因,数据挖掘经常给数据仓库带来巨大的工作量。它们属于互补的技术,互相支持。

8.4.1 大量数据

传统的数据分析方法一般从减少数据量的规模开始,有 3 种常见的方法:汇总详细的交易数据、从数据中获取一个子集,以及只观察某些属性。减少数据量规模是为了能够在现有的软硬件系统上分析数据。当这些问题得到合理的处理以后,统计学的定律就可以引入,从而有可能选出一个行为表现大致接近于其他数据的样本。

另外,数据挖掘是在寻找数据的趋势和有价值的异常点。它常常试图回答传统的统计分析提出的不同类型的问题,如什么样的产品是某一个客户下次最可能购买的。

幸运的是,数据挖掘算法常常能够利用大量的数据。当利用寻找模式来识别稀有事件时,有大量数据就能保证有足够的数据进行分析。一个数据的子集从统计学角度来看总体上可能是恰当的,但当你试图将其分解为其他片段(按地区、产品、客户片段)时,若要给出有统计意义的结果,那么数据就有可能太少。

数据挖掘算法能够利用大量的数据。例如,对于决策树,即使每个记录中有数十或数百个字段,它也可以很好地工作。链接分析要求用一个完整的数据集创建图。神经网络可以在同一时间训练数百万条记录。这些算法常常运用详细交易的汇总来工作(特别是在客户层次上),汇总结果可能在这次运行到下次运行期间发生改变。预先创建汇总和丢弃交易数据将把我们锁定到一个商业视图上。当然,应用这种汇总的第一个结果经常导致需要对它们进行某些改变。

8.4.2 一致、干净的数据

数据挖掘算法常常需要用到吉字节（1吉字节＝10^9字节）级的数据，这些数据可能来自几个不同的源。在寻找可操作的信息时，大部分工作实际上是把数据结合在一起——通常数据挖掘项目的时间有80%或更多用于把数据汇集到一起——特别是当没有数据仓库可用的时候。此后的问题，如匹配账号、翻译代码等，会进一步增加分析所需的时间。发现重要的模式通常是一个交互过程，需要返回数据以获得另外的数据元素。最终，当发现重要模式的时候，通常需要在最近可用的数据上重复这个过程。

一个设计良好及构造良好的数据仓库能够帮助解决上述问题。当数据被加载到数据仓库时，数据被清理一次。字段的意义被明确定义且可以通过元数据利用。将新数据整合到分析中，就像通过元数据找出什么数据可用以及从数据仓库中检索数据一样容易。一个特别的分析能够重新运用最新的数据，因为数据仓库一直保持最新状态。最终结果是数据更清洁、更好用——这使分析师可以花更多的时间利用功能强大的工具而不是移走数据和压缩数据量。

8.4.3 假设测试和测量

数据仓库推动了数据挖掘的两个其他领域[8]。假设测试是验证数据中关于数据模式的基于经验的猜测。热带色彩的东西在佛罗里达确实比在别处更好销售吗？人们倾向于在晚饭后打长途电话吗？在餐馆的信用卡用户确实是高端客户吗？所有这些问题都可以很容易地在适当的关系数据库中作为查询表达出来。拥有可利用的数据使提问及快速发现答案成为可能。

测量是一个已证明数据仓库非常有价值的应用领域。通常，当进行市场营销、产品改进等工作的时候，达到成功的程度只有一个有限的反馈。数据仓库可以看到结果并发现相关的影响。其他产品的销售方式得到改进了吗？客户流失量是否有所增加？打到客户服务中心的电话减少了吗？……。有可用的数据使得理解一个行动的结果成为可能，不管行动是通过数据挖掘结果激励的还是通过其他事情激励的。

从测量的角度来说，特别有价值的是不同市场营销行为对中长期客户关系的影响。通常，市场营销活动是以响应率来测量的。然而响应率只是人们感兴趣的一个方面，仅仅是其中一个。客户的中长期行为也是令人感兴趣的内容之一。新获得的客户在没付款之前已经离开了吗？或者提升销售量的活动坚持住了吗？或者客户又购买回了老产品吗？测量可以使某个企业从它的失误中吸取教训，并走向成功。

8.4.4 可升级硬件和 RDBMS 支持

数据挖掘和数据仓库之间的最终协作是在系统级别上的,同样可升级硬件和软件使存储和查询大型数据库成为可能,这为分析数据提供了一个很好的系统。

如何进一步利用功能强大的计算机的优势,并行运行数据挖掘算法仍然是一个问题。但这通常是没有必要的,因为实际上构建模型只是用于数据挖掘的一小部分,而准备数据及理解结果要重要得多。一些数据库,如 Oracle 和 SQL Server,正不断地为数据挖掘算法提供支持,这使得这些算法能够并行运行。

本章小结

在电子商务时代,数据仓库能将不同的数据库连接起来,并将数据全部或部分复制到一个数据存储中心。数据仓库不是一个系统,而是一个对于数据挖掘和数据分析工作非常有用的方法。从数据挖掘的观点来看,其一个非常重要的功能是再创造历史的准确快照;另一个非常重要的功能是支持特定报告。为了从数据中学习,你需要知道究竟发生了什么。

数据挖掘在电子商务里表现为在大型数据库里面搜索有价值的商业信息。这需要对巨量的材料进行详细的过滤,并且需要智能且精确地定位潜在价值的所在之处。对于给定了大小的数据库,数据挖掘技术可以提供巨大的商业机会,如自动趋势预测。数据挖掘能自动在大型数据库里面找寻潜在的预测信息。传统上需要很多专家来进行分析的问题,现在可以快速而直接地从数据中找到答案。

根据最近 Gartner 的 HPC 研究表明,随着数据捕获、传输和存储技术的快速发展,大型系统用户将更多地需要采用新技术来挖掘市场以外的价值,采用更为广阔的并行处理系统来创建新的商业增长点。数据仓库、数据挖掘技术和 Internet/Intranet 的完美结合,使其在 21 世纪的电子商务中有广泛的应用前景。

本章参考文献

[1] 别荣芳,尹静,邓六爱. 数据挖掘技术[M]. 北京:机械工业出版社,2006.
[2] 袁汉宁,王树良,程永,等. 数据仓库与数据挖掘[M]. 北京:人民邮电出版社,2015.

[3] 韩慧,王建树,孙俏,等.数据仓库与数据挖掘[M].北京:清华大学出版社,2009.
[4] 朱明.数据挖掘[M].2版.合肥:中国科学技术大学出版社,2008.
[5] 毛国君,段立娟.数据挖掘原理与算法[M].3版.北京:清华大学出版社,2016.
[6] 苏新宁.数据仓库和数据挖掘[M].北京:清华大学出版社,2006.
[7] 王振武.大数据挖掘与应用[M].北京:清华大学出版社,2017.
[8] 王波.数据仓库与数据挖掘在电子商务中应用研究[J].电子技术与软件工程,2016(1):197.

第 9 章

电子商务推荐系统

随着互联网服务社会化程度的提高,以及移动互联网业务的普及,传统互联网一对多的单向服务模式正受到新型互联网服务模式的挑战,用户已经不再满足于作为传统网络服务中被动接收信息的角色。传统的信息服务模式是一种被动的服务模式,信息服务提供方只能被动地等待用户的服务请求,并为用户提供无个性化的信息。因此推荐系统在业界和科研界应运而生,推荐系统可以依据用户的历史兴趣偏好,主动为用户提供符合其需求和兴趣的信息资源。推荐系统已经成为数据挖掘、机器学习和人机接口领域的热门研究方向。

根据推荐对象的特点,目前主要有两种类型的推荐系统:一种是以网页为推荐对象的搜索系统,主要采用 Web 数据挖掘的方法与技术,为用户推荐符合其兴趣爱好的网页,如 Google 等;另一种是网上购物环境下以商品为推荐对象的个性化推荐系统,为用户推荐符合其兴趣爱好的商品,如书、音像制品等,这种推荐系统称为电子商务个性化推荐系统,简称电子商务推荐系统。

9.1 电子商务推荐系统简介

电子商务推荐系统是一种特殊形式的信息过滤推荐系统,通过分析用户的历史兴趣和偏好信息,可以在项目空间中确定用户现在和将来可能会喜欢的项目,进而主动向用户提供相应的项目推荐服务。不同于一般信息检索服务由用户发起信息检索过程,电子商务推荐系统可以主动向用户提供关于信息资源的推荐建议。信息检索服务在与用户的交互过程中,一般对用户的历史兴趣知识并不进行表示、分析和利用,而电子商务推荐系统在与用户的交互过程中会主动记录用户的历史兴趣信息,对用户的信息需求进行建模,形成关于用户兴趣和偏好的知识模型,并依据该模型实现最终的信息推荐服务。

9.1.1 电子商务推荐系统的发展历程

电子商务推荐系统的研究开始于20世纪90年代初期。1995年,由美国学者展示的WebWatchet、LIRA、Letizia三大系统,标志着个性化服务系统研究的开始[1]。1998年7月,国际先进人工智能协会(association for the advancement of artificial intelligence, AAAI)组织的各学者在威斯康星州专门召开了以推荐系统为主题的会议,集中讨论了推荐系统的发展问题。2000年,我国正式开始了个性化电子商务推荐系统的研究,并逐步从理论走向实践。2009年7月,我国首个电子商务推荐系统科研团队北京百分点信息科技有限公司成立,该团队专注于推荐引擎技术与解决方案,在其推荐引擎技术与数据平台上汇集了国内外百余家知名电子商务网站与资讯类网站,并通过这些B2C网站每天为数以千万计的消费者提供实时智能的商品推荐。2011年9月,百度世界大会上,李彦宏将推荐引擎与云计算、搜索引擎并列为未来互联网的重要战略规划以及发展方向。百度网站的新首页将逐步实现个性化,智能地推荐出用户喜欢的网站和常用的App。

9.1.2 电子商务推荐系统的定义

学术界有关电子商务推荐系统的定义很多,目前被广为认可和采用的有两种,分别为形式化和非形式化定义。1997年,Resnick和Varian给出了非形式化定义[2]:"它以电子商务网站为平台,为消费者提供商品的信息和建议,协助消费者决定应该购买什么产品,模拟推销人员协助消费者完成购买过程。"推荐候选对象、用户、推荐方法这三部分构成了一个完整的电子商务推荐系统。

本章参考文献[3]给出了电子商务推荐系统的形式化定义。将推荐给用户的对象集合用S表示,所有用户的集合用C表示。现实中,用户和推荐对象集合的数据量一般非常大,如成百上千万的客户以及上亿个影视作品等。将对象S对用户C的推荐度用效用函数u表示。u表示为$C\times S\rightarrow R$,这里的R表示为指定的全部非负实数。问题转化为寻找到最大的推荐度R所对应的S^*,即

$$\forall c \in C, S^* = \arg\max_{s \in S} u(c,s) \tag{9.1}$$

本章参考文献[4]提到用户和对象的度量与采样可以使用不同的属性和特征,这根据实际面对的问题不同而不同。推荐算法要研究的中心问题是效用度u的计算,并非遍历整个$C\times S$的整个空间,而是分布到一个流形子空间上。对某个数据集而言,必须先对u进行外推,也就是说,对象必须具备用户以前做的评分,未评定的对象的评分必须先根据已标注的对象进行标注外推后才可以使用。各类推荐算法在外推和评分预测上采用了不同的策略,设计了不同的效用函数。

9.1.3 电子商务推荐系统的组成

从输入输出层的构成来看,整个电子商务推荐系统主要可分为输入功能(input functional)模块、推荐方法(recommendation method)模块和输出功能(output functional)模块。推荐方法模块是推荐系统的最核心部分,决定了推荐系统的性能优劣。输入可来自客户个人和社团群体两部分。客户个人输入(targeted customer input)主要指目标用户,即要求获得推荐的人,为得到推荐必须对一些项目进行评价,以表达自己的偏好,包括隐式浏览输入、显式浏览输入、关键词和项目属性输入以及用户购买历史等;社团群体输入(community input)主要指集体形式的评价数据,包括项目属性、社团购买历史、文本评价和等级评分等。输出主要为推荐系统获得输入信息后推荐给用户的内容,主要形式有如下几种。①建议(suggestion):分为单个建议(single item)、未排序建议列表(unordered list)和排序建议列表(ordered list),典型的有 Top-N,即根据客户的喜好向客户推荐最可能吸引客户的 N 件产品。②预测(prediction):输出系统对给定项目的总体评分。③个体评分(individual rating):输出其他客户对商品的个体评分。④评论(review):输出其他客户对商品的文本评价。

从功能模块来看,完整的推荐系统往往具有 3 个重要的模块:用户建模模块、推荐对象建模模块、推荐算法模块。

用户模型的主要作用是构建用户画像,系统通过用户在 web 页面的浏览、点击、评论等行为,用户对手机 App 的使用等,分析、计算用户的喜好特征,进而形成用户画像。

推荐对象模型的主要作用是将商品的信息(如颜色、大小、款式等)提取出来,从而形成商品的属性标签,方便进行计算。

推荐算法的主要作用是把用户模型和推荐对象模型的信息通过某种系统的方法进行匹配,并对用户形成相应的推荐。

为了使得电子商务推荐系统高效运行,推荐算法作为电子商务推荐系统的核心,需根据用户的新需求进行改进,以不断适应推荐过程中的变化。

9.1.4 电子商务推荐系统的作用

电子商务推荐系统最大的优点在于它能收集用户感兴趣的资料,并根据用户的兴趣偏好主动为用户做出个性化推荐。这样,当用户每次输入用户名和密码登录电子商务网站后,电子商务推荐系统就会自动按照用户偏好程度的高低推荐给用户喜爱的 N 个产品,而且给出的推荐是实时更新的。也就是说,当系统中的产品库和用户兴趣资料发生改变时,给出的推荐序列会自动改变,大大方便了用户对商品信息的浏览,也提高了企业的服务水平。

研究表明,电子商务的销售行业使用电子商务推荐系统后,销售额能提高2%～8%[5],尤其在书籍、CD音像制品、日用百货等产品价格相对较为低廉且商品种类繁多、用户使用电子商务推荐系统频率高的行业,电子商务推荐系统能大大提高企业的销售额。

总体来说,电子商务推荐系统的作用主要表现在3个方面:将电子商务网站的浏览者转变为购买者;提高电子商务网站的交叉销售能力;提高客户对电子商务网站的忠诚度。

将电子商务网站的浏览者转变为购买者:通过分析以往的用户浏览信息和购买记录,发现有些用户浏览了网站却没有购买任何商品,这可能是电商网站设计得不合理,导致用户很难迅速找到想要购买的商品,从而导致只有浏览信息而没有购买信息。电子商务推荐系统可以通过推荐信息,增加消费者的购买欲望,帮助消费者迅速地找到自己想要的商品。

提高电子商务网站的交叉销售能力:电子商务推荐系统可以通过挖掘用户以往购买和浏览的商品信息,找到其所关注的商品之间的关联性,从而据此向用户推荐相关联的商品信息,这些推荐信息可促进用户的购买欲望,使消费者发现这确实是自己没有想到却要买的商品。例如,用户在购买手机时,系统会自动推荐手机外壳、内存卡、手机膜等商品,可使用捆绑销售等促销模式进行营销。

提高客户对电子商务网站的忠实度:电子商务推荐系统有效的推荐方式可提升用户的购物体验,一方面用户可能会再次进入该网站进行消费;另一方面该用户将此网站推荐给他人的可能性提高了。

9.2 主流的推荐系统技术

推荐系统是一种由信息检索和信息过滤技术发展而来的个性化信息服务系统,推荐系统的实现大量采用了二者的已有研究成果,但是推荐系统在功能、服务形式和应用环境方面与上述二者存在很大差异,其在发展过程中遇到了诸多在信息检索和信息过滤服务中所没有的问题,也采用了多种针对信息过载的传统信息服务中所不具有的方法和策略。为了形成对推荐系统的统一认识,下面将根据推荐系统的组成结构,对推荐系统中用户建模和推荐算法等关键内容进行详细介绍和讨论。推荐系统的核心为推荐算法,其决定着推荐系统的种类和性能,目前大部分关于推荐系统的文献都是研究这类问题,以下为几种主流推荐算法的简介。

9.2.1 基于内容的推荐技术

早期的推荐系统是为了克服文本领域信息负担的信息过滤和信息提取系统，基于内容的推荐技术（content-based filtering，CBF）是信息过滤的派生和继续，基于内容的推荐常采用两种方法。

① 基于特征的方法。即用相关特征来定义所要推荐的商品，定义方法可以采用向量空间模型、矢量权重模型、概率权重模型或贝叶斯模型[6]。系统通过学习用户已评价或购买过的商品特征来获得对用户兴趣的描述，即用户概要信息，并且随着系统对用户偏好的学习而不断更新，使用的学习方法包括决策树、神经网络和基于矢量的表示等。该方法的难点是如何选择商品的代表特征并予以适当的编码。

② 基于文本分类的方法。和基于特征的方法不同，基于文本分类的方法从成千上万的文本特征（词汇与短语）中进行学习从而构建有效的分类器，然后利用该分类器对文本进行分类，若所分类别与用户兴趣相符则向用户做出推荐。该方法主要用于网页和书籍等领域的推荐。

在 CBF 中，对于目标用户 c，其基于内容的用户描述可以表示为函数 $uf(c)$，而特定项目 s 的内容模型为 $if(s)$，则推荐系统的效用函数 $u(c,s)$ 可以表示为项目的评分函数[7]：

$$u(c,t) = \text{score}(\text{uf}(c), \text{if}(t)) \tag{9.2}$$

式(9.2)中的评分函数一般采用特定相似度来度量项目产品与用户的相关性。夹角余弦相似度是 CBF 中广泛使用的一种相似度度量。余弦相似度将用户描述和信息项目描述视为向量，并在向量空间中根据二者之间夹角的余弦值来度量相似性，用户 c 的兴趣和项目 t 的内容可以在维度为 n 的特征空间中分别表示特征权重向量 $\mathbf{uf}_c = (w_{c1}, w_{c2}, \cdots, w_{cn})$ 和 $\mathbf{if}_t = (w_{t1}, w_{t2}, \cdots, w_{tn})$，二者的夹角余弦相似度计算可以表示为：

$$\text{score}(\text{uf}(c), \text{if}(t)) = \cos(\mathbf{uf}_c, \mathbf{if}_t) = \frac{\mathbf{uf}_c \cdot \mathbf{if}_t}{\|\mathbf{uf}_c\| \times \|\mathbf{if}_t\|} = \frac{\sum_{i=1}^{n} w_{ci} w_{ti}}{\sqrt{\sum_{i=1}^{n} w_{ci}^2} \sqrt{\sum_{i=1}^{n} w_{ti}^2}} \tag{9.3}$$

该推荐技术的优点是不依赖用户的历史数据，推荐结果明了，用户接受度高，不会因新对象的出现而产生冷启动和数据稀疏等问题，以及有成熟的技术支持等。其缺点则主要在于自动化的特征提取很难适用于电影、视频、歌曲等多媒体数据，且推荐结果多样性差，为用户推荐的内容局限于与用户过往选择的对象类似的内容。

9.2.2 协同过滤技术

协同过滤推荐是目前在推荐系统中应用研究最为广泛的推荐技术,它基于邻居用户的资料得到目标用户的推荐,推荐的个性化程度高。其基本思想容易理解,在日常生活中,若我们身边的好友选购了某类商品,并且其对该类商品评价较高,那么我们也会倾向于购买此类商品。协同过滤技术一般可分为两类:基于内存的协同过滤和基于模型的协同过滤。

1. 基于内存的协同过滤

基于内存的协同过滤又叫作基于用户的协同过滤(users-based collaborative filtering,UBCF),其基本思想是先用相似统计的方法得到具有相似兴趣爱好的邻居用户,构造用户相似矩阵,然后依据邻居用户对商品的评价来预测当前用户对商品的评价,从而判断是否进行推荐[8]。如图 9.1 所示,用户 1 同时选择了物品 a 和 c;用户 2 只选择了物品 b;用户 3 同时选择了物品 a、c、d。且用户 1 和用户 3 相似,虽然用户 1 当前还未购买物品 d,但由于用户 1 和 3 具有相同的爱好,所以用户 1 对物品 d 有着相同的喜好,于是可以断定用户 1 很有可能购买 d。

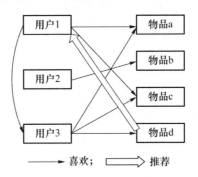

图 9.1 基于内存的协同过滤示意图

用户之间的相关性可通过各种相似度计算方法进行度量,假设在 UBCF 中存在 m 个用户,用户集合记为 U,n 个信息项目的集合记为 T,对于任意两用户 $u_c, u_v \in U$,二者的评分向量分别表示为 $\boldsymbol{R}_c = (r_{c1}, r_{c2}, \cdots, r_{ci}, \cdots, r_{cn})$ 和 $\boldsymbol{R}_v = (r_{v1}, r_{v2}, \cdots, r_{vi}, \cdots, r_{vn})$,已评分项目集合为 $T_c = \{t_j | t_j \in T \wedge r_{cj} \neq 0\}$ 和 $T_v = \{t_j | t_j \in T \wedge r_{vj} \neq 0\}$[9]。用户之间的相关性计算只以二者均已访问的项目的评分值为参考,在进行相似性计算之前要通过交集运算确定两用户的公共评分项目集合。常用的相似度计算方法除了夹角余弦相似度外还有如下两种。

(1) 皮尔逊相关系数

$$\mathrm{sim}(c,v) = \frac{\mathrm{cov}(\boldsymbol{R}_c, \boldsymbol{R}_v)}{\sigma(\boldsymbol{R}_c)\sigma(\boldsymbol{R}_v)} = \frac{(\boldsymbol{R}_c - \boldsymbol{r}_c)(\boldsymbol{R}_v - \boldsymbol{r}_v)^{\mathrm{T}}}{\|(\boldsymbol{R}_c - \boldsymbol{r}_c)\| \|(\boldsymbol{R}_v - \boldsymbol{r}_v)\|}$$
$$= \frac{\sum_{t_i \in T_{cv}}(r_{ci} - \boldsymbol{r}_c)(r_{vi} - \boldsymbol{r}_v)}{\sqrt{\sum_{t_i \in T_{cv}}(r_{ci} - \boldsymbol{r}_c)^2} \sqrt{\sum_{t_i \in T_{cv}}(r_{vi} - \boldsymbol{r}_v)^2}} \quad (9.4)$$

(2) Jaccard 系数

$$\mathrm{sim}(c,v) = \frac{|T_c \cap T_v|}{|T_c \cap T_v|} \quad (9.5)$$

针对目标用户，根据上述相似度计算公式，可以度量所有用户之间的相似性，并将得到的相似度存储于相似度矩阵中。根据用户间的相似度，可以选择与目标用户足够相似的用户作为其邻居用户。

在确定了目标用户的邻居之后，可以根据邻居对目标项目的评分值实现评分的预测。UBCF 评分预测过程是对推荐系统效用函数 u 的实现，针对特定的目标用户，UBCF 的评分预测是通过对邻居用户的观测评分进行聚合来实现的，对于包含用户集合 U 和项目集合 T 的 UBCF 推荐系统，用户 u_c 关于目标项目 t_s 的邻居用户集为 $T_c^s = \{u_i | u_i \in U \wedge r_{is} \neq 0\}$，效用函数通过聚合函数表示为

$$u(c,s) = \underset{u_i \in T_c^s}{\mathrm{aggregate}}(r_{is}) \quad (9.6)$$

通过上述邻居选择和评分预测过程，可以估算出任意用户对其未访问项目的可能评分，实现了推荐系统中效用函数的功能。

2. 基于模型的协同过滤

基于模型的协同过滤先用历史数据得到一个模型，再用此模型进行预测。基于模型的协同过滤推荐系统广泛使用的技术包括神经网络等学习技术、潜在语义检索和贝叶斯网络，训练样本得到模型。基于模型的协同过滤推荐系统大量采用了机器学习和数据挖掘算法，对评分数据的潜在复杂模式进行学习。对于分类评分数据，一般可通过分类学习算法进行学习，而对于数值评分数据，则可通过回归算法和奇异值分解进行学习。

其中一种基于概率的模型算法表示如下：

$$r_{c,s} = E(r_{c,s}) = \sum_{i=0}^{n} i^* \Pr(r_{c,s} = i | r_{c,s'}, s' \in S_c) \quad (9.7)$$

这是一种将用户归到一种模型下的算法，其他的模型算法还有概率相关模型、极大熵模型、线性回归模型等。

基于模型的协同过滤的最大优点是对推荐对象没有特殊要求，能处理非结构化的复杂对象，如音乐、电影。因协同过滤推荐系统是基于大量历史数据的，故存

在下列缺点。

① 冷启动问题:如何对新用户进行推荐以及如何推荐新产品,因为这些均没有历史信息。

② 稀疏性问题:推荐系统中的信息项目数量规模往往非常巨大,而用户对信息项目的评分往往只能涉及很少一部分,这将导致用户项目评分矩阵的稀疏度非常高,通常商用推荐系统的稀疏度可以达到90%以上,这种极度稀疏的评分矩阵将给推荐造成很大的影响。

9.2.3 其他推荐技术

(1) 基于效用的推荐

它是根据对用户使用项目的效用进行计算的,并考虑非产品属性,如提供商的可靠性和产品的性价比等。该技术基于用户需要和可选集之间匹配的评估,通过计算商品对用户的效用来做出推荐。用户概要信息就是系统为用户创建的效用函数,采用受约束满足技术来确定最佳匹配。它的优点是能在效用函数中考虑卖主的可靠性、产品的可获得性等非产品因素。其核心问题是如何为每一位用户创建出合适的效用函数,通过交互让用户指定影响因素及其权重对大多数用户而言是极其烦琐的事情,因而限制了该技术的应用。

(2) 基于知识的推荐

一直以来,协同过滤算法和基于内容的推荐算法这两种过滤式算法广泛应用于众多推荐系统中,可以实现个性化的主动推荐。但在实际的应用过程中,过滤式推荐算法具有冷启动问题以及数据稀疏性的缺陷,这会造成推荐失败。此外,基于学习的推荐算法具有滞后性,一旦建立起用户画像,当用户偏好发生变化时,推荐过程则难以及时调整。基于知识的推荐算法为上述问题的解决提供了新的思路,因为它不必收集特定用户的行为数据,也不依赖用户的评级基础,仅使用用户知识和产品知识进行用户需求推理并产生推荐。

基于知识的推荐算法分为基于约束的推荐和基于实例的推荐[7]。基于约束的推荐是指根据用户需求定义明确的推荐规则,根据推荐规则得出要推荐的物品。具体来说:用户指定自己的最初偏好,然后一次性或逐步回答完系统发送的所有问题;在收集用户回答的基础上,利用领域知识或关联规则对用户和产品进行匹配,最终提供给用户一组相关产品;在检得结果环节,当用户选择某一个产品时,交互就结束了,反之,系统可以尝试向用户推荐减轻约束后的结果。

基于实例的推荐是用户指定特定的案例,系统通过度量与目标物属性的相似度进行结果推荐。具体来说:用户制订某一特定的目标案例,可以是用户需求的目标模型;通过相似度的计算和领域知识的匹配,系统返回与目标案例类似的结果;

当检得结果可接受时,交互结束,反之,可以通过用户修改指定属性或定向评价(critique)的方式修改、精简结果。

(3) 基于关联规则的推荐

关联规则是一种使用较为广泛的模式识别方法,如购物分析、网络分析等,其中购物分析典型的应用场景就是在商场中找出共同购买的集合。关联规则用于表述数据内隐含的关联性,一般用3个指标来衡量关联规则,分别是置信度、支持度和提升度。支持度表示规则中两者同时出现的概率,且无先后顺序之分;置信度表示A出现,同时B出现的概率;提升度描述了关联规则中A与B的相关性。特别的,满足最小支持度和最小置信度的规则被称为强关联规则,此条件下如果提升度大于1则是有效的强关联规则,提升度小于1则是无效的强关联规则,提升度等于1则表示两者相互独立无关系。

传统推荐算法在一般情况下并不会考虑两者间被推荐前存在何种深层关系,推荐质量的提升因此会受到一定影响,而基于关联规则的推荐算法则可以发现被推荐物品两者间的深层关系[10],将数据进行归类处理,并可以处理复杂的非结构化数据等,推荐准确率也会随着数据积累不断提高。

9.3 推荐系统案例——以途牛旅游网为例

近年来,推荐系统领域的研究工作发展迅猛,各种各样的推荐系统亦随之在电子商务、社交网站、电子旅游、互联网广告等多个领域得到了广泛应用,并展示出良好的效果与广阔的前景。其中,随着越来越多的在线旅游网站(如 Expedia、Travelzoo、途牛等)的兴起,能刻画用户旅游兴趣偏好的在线数据越来越丰富,使得旅游产品推荐成为推荐系统研究领域的热门议题之一。

目前,针对传统商品的推荐已有许多成熟的推荐算法得到广泛应用,如协同过滤算法、基于内容的推荐算法和混合型推荐算法等。然而大量已有研究表明,旅游产品推荐与电影、商品等传统推荐有显著差异。

① 用户通常不会频繁或大量购买旅游产品,这导致"用户-产品"关联矩阵极为稀疏。

② 旅游产品描述信息维度多样复杂,微小的参数变化会导致完全不同的旅游产品,如景点参观线路和日程、酒店和交通工具选择等因素的变化,然而这类有内在关联的不同旅游产品却指向用户共同的兴趣偏好。

③ 用户往往不会长期关注旅游产品,即不会在电子旅游网站上留下访问记录,而往往是有了旅游目标和安排之后,才开始浏览旅游产品,这导致在线旅游数据中存在大量冷启动用户。因此,针对传统商品的推荐算法很难直接应用到旅游

推荐领域。

基于上述原因,我们首先从旅游数据的特征入手,对旅游数据的稀疏性和冷启动问题进行了深入的分析,并从日志会话的相似性角度进行了论证,以启发研究基于主题序列模式的旅游产品推荐引擎。我们提出了面向旅游产品的推荐引擎(sequential recommendation engine for travel products,SECT),该引擎通过用户实时点击流可以捕捉用户的兴趣偏好,并实时产生旅游产品推荐列表。本章分别从旅游页面的主题挖掘、访问序列的模式挖掘和模式库的存储、匹配计算等方面对SECT 的原理进行了说明,并将常用的基准推荐算法在真实的旅游数据集上进行了实验对比,并在多个评价指标上对实验结果进行了分析。

9.3.1 数据准备

本节所使用的旅游产品数据集来自途牛旅游网,包含用户访问 Web 服务器日志和用户订单记录。每条服务器日志记录表示为一个五元组:由〈User ID,Page ID,Page Name,Time,Session ID〉字段构成。其中 User ID 用于跟踪用户,为用户匿名标识,由浏览器 Cookie 生成;Page ID 和 Page Name 分别表示途牛页面标识及相应代表页面的语义文本描述;Time 表示用户访问时间;Session ID 用于标识该条记录所属的用户会话。用户订单记录则由〈User ID,Item ID,Time〉构成,其中 User ID 代表下单的用户;Item ID 代表用户购买的旅游产品标识;Time 代表用户下单的时间。

旅游产品数据集的时间跨度为 2 个月(2013 年 7—8 月)。下列实验以 2013 年 7 月份用户访问日志为训练集,将其用于挖掘用户兴趣偏好;2013 年 8 月份订单记录及其所属会话为测试集,用于验证推荐引擎的效果。我们对训练数据做了必要的预处理,包括:①删除了大量重复出现的首页;②删除了会员登录后访问留下的重定向登录页面。表 9.1 展示了预处理后训练集的规模,其中 ♯Session、♯Record、♯User、♯Page 分别表示会话、记录、用户和页面的数量,♯L 表示会话平均长度。页面包含产品页面和非产品页面,产品页面又进一步细分为出境签证页面、旅游线路页面及景点门票页面,这些产品页面不仅能体现出用户的兴趣偏好,还是推荐的目标对象。非产品页面包含分类页面和攻略页面 2 类:分类页面是包含用户选定的旅游目的地或旅游主题的所有页面的汇总,如西藏、欧洲、名山胜水、游乐园、海边海岛等;攻略页面介绍了目的地的旅游景点、线路、美食、住宿、地图、游记等。这 2 类页面的主题有助于推荐引擎刻画用户的兴趣偏好。表 9.2 展示了训练集页面的分类及规模,其中 ♯Visa、♯Route、♯Ticket、♯Category、♯Guide 分别代表出境签证、旅游线路、景点门票、分类和攻略页面的数量。可以看出,非产品页面数量甚至超过了产品页面数量,这意味着基于"用户-项目"矩阵的传统产品推荐方法将不能利用非产品页面中蕴含的丰富信息。

表 9.1 训练集日志数据特征

# Session	# Record	# User	# Page	# L
117 852	664 349	34 022	78 119	5.64

表 9.2 页面分类及规模

产品页面			非产品页面	
# Visa	# Route	# Ticket	# Category	# Guide
271	27 002	765	35 270	14 811

9.3.2 数据特点分析

特点1:"用户-项目"购买矩阵极度稀疏。

表9.3描述了测试集中订单数据的基本特征,其中♯Order、♯User、♯Item分别代表订单、用户、项目的数量,Density代表密度。如果构建"用户-项目"购买矩阵使用协同过滤算法进行推荐,矩阵中非零值比例仅为0.015 5%,而常用的MovieLens100K数据库的"用户-项目"评分矩阵的密度为6.3%。我们再观察用户购买旅游产品的次数分布,如图9.2所示,有22 751个(78.3%)的用户仅购买1种旅游产品,仅有0.07%的用户购买了8种以上的旅游产品。因此,传统协同过滤算法难以直接运行于"用户-项目"购买矩阵。

表 9.3 测试集中订单数据的基本特征

# Order	# User	# Item	Density/%
32 955	29 057	6 799	0.015 5

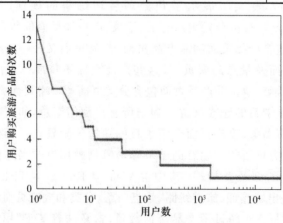

图 9.2 用户购买旅游产品次数分布

特点 2：冷启动用户比例极高。

在测试集的订单数据中，有 20 990 个用户为冷启动用户，比例达到 63.7%，即存在大量用户在训练数据中没有任何访问记录。当然，部分冷启动用户可能使用不同终端访问网站，利用 Cookie 标识用户容易引起冷启动用户比例偏高。图 9.3 展示了剩余的 8 067 个用户在训练集中浏览网页的数量，可以看出，接近半数的用户在上个月访问网页数量不足 10 个。因此，冷启动用户比例高是基于日志数据推荐所面临的挑战性问题之一，即如果构造"用户-项目"访问频率矩阵同样面临数据稀疏性问题，传统协同过滤算法仍然难以奏效。

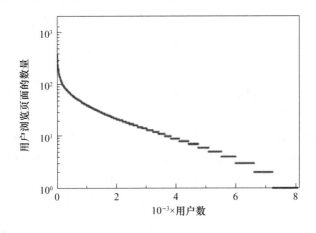

图 9.3　用户浏览页面的数量分布

特点 3：购买同种产品的会话相似性高。

从测试集的订单数据中，我们首先提取被购买超过 10 次的热门旅游产品 688 个，再抽取不同用户购买每个产品的访问会话 22 584 条，该会话包含下订单操作。动态时间规划（dynamic time warping，DTW）定义了序列之间的最佳对齐匹配关系，支持不同长度的时间序列的相似性度量，被广泛用于衡量时间序列的相似性。为便于比较，我们计算购买同种产品会话的 DTW 距离（标记为 Intra-Sessions）。

我们再计算每个会话与其他所有会话的 DTW 距离（标记为 Inter-Sessions），图 9.4 展示了上述 2 种情况下的 DTW 距离分布。

从图 9.4 可以看出，在最小 DTW 区间[0,3]上，Intra-Sessions 的比例远远高于基准线，而在较大的 DTW 距离区间（如[6,9]、[9,12]、[12,15]、[18,21]）上，Intra-Sessions 的比例却低于基准线。因此，尽管用户兴趣迥异，但购买同种旅游产品的访问序列（会话）却有较高的相似性，这启发着利用频繁序列模式作为推荐引擎的计算依据。

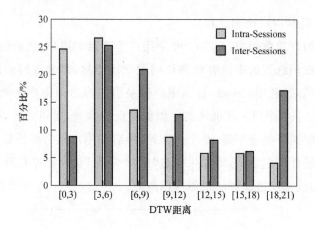

图 9.4 购买同种产品的会话 DTW 距离分布

9.3.3 基于主题序列的算法

页面主题泛化试图将内容相似的不同页面投影到同一个主题,进而将主题相同的访问序列合并成一个主题序列。图 9.5 给出了一个说明性例子,从 Item_ID 上看,2 个用户访问的序列差异甚大。但是,从页面描述文本上看,2 个访问序列均反映出用户计划去北京旅游的兴趣偏好。此外,访问序列中的分类页面和攻略页面也同样反映出用户的兴趣偏好。

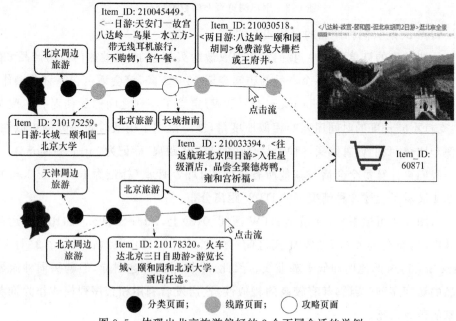

图 9.5 体现出北京旅游偏好的 2 个不同会话的举例

旅游线路页面的文本描述信息复杂多样,且具有显著的领域特色。抽取主题本质上是文本聚类问题,通常,最朴素直观的思路是将文本形成词袋模型,然后通过不同的聚类算法进行文本聚类操作,从而实现主题抽取。但是这种方法对数据噪声比较敏感,在实际应用中文本聚类难以获得良好效果,因此用主题模型(latent Dirichlet allocation,LDA)模型降维并过滤噪声,再通过 K-Means 算法进行文本聚类实现主题抽取。首先,对线路页面文本信息进行分词、去停用词等预处理操作以得到文本向量矩阵。其次,借助 LDA 模型对所有文本向量矩阵进行主题建模,并采用 Gibbs 抽样法对建模后的文本向量矩阵进行求解,得到线路页面的隐含主题概率分布矩阵,进而将该矩阵作为 K-Means 算法的输入。最终聚类后的每个类簇分别代表线路页面的不同主题。

与线路页面不同的是签证和门票页面的文本描述信息为明确的结构化数据,其中签证页面包含签证国家和签证类型,门票页面包含景点名称和景点所在地,分别依据签证国家和景点所在地对签证和门票页面进行主题泛化。在分类页面和攻略页面中,考虑到这些页面的文本描述特点,依据旅游目的地或者旅游主题对这 2 类页面进行主题泛化。

设 $I=\{i_1,i_2,\cdots,i_M\}$ 为训练集中所有的页面集合,$T=\{t_1,t_2,\cdots,t_K\}$ 为所有页面泛化后的主题集合,页面主题泛化可以抽象为函数:

$$\varphi(i_p) \rightarrow t_k \tag{9.8}$$

其中,$1\leqslant p\leqslant M,1\leqslant k\leqslant K,M$ 表示页面的数量,设 K 为页面泛化的主题数量,t_k 表示为页面 i_p 经泛化后的主题。

由上述中旅游数据的特点可知,购买同个旅游产品的访问序列具有较高的相似性,而且用户当前的兴趣偏好能够通过访问序列的页面主题来刻画。因此,挖掘用户访问主题序列的模式对于刻画用户兴趣偏好显得尤为重要。每一个主题模式代表不同用户访问旅游页面的兴趣偏好。

定义 1:主题访问序列事务集。主题访问序列事务集由训练集中所有主题访问序列组成,记为 $D=\{D_1,D_2,\cdots,D_U\},D_u\in D,1\leqslant u\leqslant U$。其中,$U$ 为用户数量,D_u 表示由连续访问页面组成的访问序列 X_u 通过式(9.8)泛化后得到的主题访问序列。因此,X_u 包含的项集都是 I 的子集,D_u 包含的项集都是 T 的子集。

定义 2:主题频繁时序模式。令 P 为主题时序模式,模式 P 的支持度计数与支持度分别表示成 $\sigma(P)$ 和 $\text{supp}(P)$,设 min supp 为最小支持度阈值,若 $\sigma(P)\geqslant\text{min supp}$,则称 P 为主题频繁时序模式。

现有研究大多采用 ECLAT(equivalence class transformation)算法对主题序列模式进行挖掘。ECLAT 算法是采用垂直数据表示的频繁项集挖掘方法,在序列模式挖掘中应用广泛。将主题访问序列事务集 D 作为 ECLAT 算法的输入,设置 min supp,通过运行 ECLAT 算法程序得到挖掘出的主题频繁时序模式项集,记

为 $P=\{P_1,P_2,\cdots,P_S\}$,其中 S 为模式的数量。

测试集中用户的主题序列与模式库中模式项集的匹配对推荐引擎的效率而言是极大的挑战,通常一种蛮力的做法是将主题序列与模式库中的模式一一匹配,但是考虑到模式库中模式的数量,这种做法不但会影响推荐引擎的效率,而且还会增加推荐引擎的运行负担。为了使 SECT 推荐引擎能够根据用户访问会话快速匹配到模式库中的主题模式,将用一个多叉树数据结构 PSC-tree(pattern support candidate-tree)存储历史模式库,并将其与匹配计算模块无缝衔接。

定义 3:PSC-tree。PSC-tree 是一个多叉树:

① 包含一个名为 Root 的根节点,其余节点为 Root 节点的孩子节点;

② 每个节点都有 2 个域,第 1 个域存储模式的支持度计数,第 2 个域存储产品候选集;

③ 从 PSC-tree 第 2 层的每个节点开始,每一个遍历到孩子节点的路径分别代表对应的主题序列模式。

图 9.6 展示了 PSC-tree 的构造示例。

① 将主题频繁时序模式项集中的模式按照页面标识进行排序,形成表 9.4 所示的列表。

表 9.4 模式项集的一个例子

Pid	P_S	$\sigma(P_S)$	C_{P_S}
1	T_1,T_2	20	i_3,i_5,i_6
2	T_1,T_2,T_3	15	i_4,i_5,i_6
3	T_1,T_2,T_3,T_4	10	i_5,i_6
4	T_1,T_5	22	i_2,i_3,i_4
5	T_2,T_3	25	i_4,i_5,i_7
6	T_2,T_3,T_4	12	i_5,i_6
⋮	⋮	⋮	⋮

② 初始的 PSC-tree 只有一个根节点,按照以下方法依据表 9.4 中的模式列表依次构造孩子节点:a. 读取第 1 个主题频繁时序模式$\langle T_1,T_2\rangle$,构造节点 T_1 和 T_2,增加路径 Root→T_1→T_2,支持度计数 $\sigma(T_1,T_2)=20$ 存储在节点 T_2 的第 1 个域中,推荐候选集 $C_{T_1,T_2}=\{i_3,i_5,i_6\}$ 存储在第 2 个域中;b. 第 2 个模式$\langle T_1,T_2,T_3\rangle$ 与第 1 个模式具有公共的前缀$\langle T_1,T_2\rangle$,因此,节点 T_3 增加在路径 Root→T_1→T_2 的终点,节点 T_3 的 2 个域也存储对应的信息;c. 重复以上过程直到每一个模式映射到 PSC-tree 中的一条路径为止。

按照表 9.4 中的模式项集,构造 PSC-tree 的最终结果如图 9.6 所示。

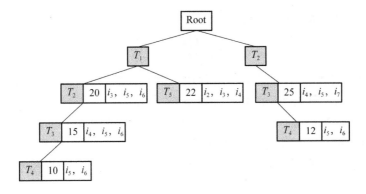

图 9.6 PSC-tree 的示例说明

不失一般性,设用户 u 的实时页面访问会话为 $X_u = \langle i_1, i_2, \cdots, i_p \rangle$,$i_p$ 为最晚访问的页面。初始设待推荐的目标产品为 i_t,我们将会话 X_u 中每个产品映射到对应的主题,即 $X_u = \langle T_1, T_2, \cdots, T_p \rangle$,$X_q = \varphi(i_q)$,$1 \leq q \leq p$。为了更简明地表示,我们将 $\langle T_1, T_2, \cdots, T_p \rangle$ 标记为 $\langle T_1^p \rangle$。我们用条件概率 $\Pr(i_t | T_1^p)$ 表示给定会话 X_u 时,用户 u 对产品 i_t 的偏好程度越高,即 $\Pr(i_t | T_1^p)$ 越大,表明用户 u 购买该目标产品的概率越高。理论上,$\Pr(i_t | T_1^p)$ 由 X_u 的所有子序列决定:

$$\Pr(i_t | T_1^p) = \prod_{q=0}^{p-1} \Pr(i_t | T_{p-q}^q) \tag{9.9}$$

由于求解式(9.9)需要穷举 p 个子序列,即每个子序列需要与模式库中所有主题频繁序列模式进行匹配,计算复杂性极高。因此,已有一些学者提出利用 n-gram 模型对式(9.9)进行近似求解。我们假设 $\Pr(i_t | T_1^p)$ 只与前面 $n-1$ 个访问页面相关,称为 Markov n-gram 独立性假设,即 $\Pr(i_t | T_1^p) = \Pr(i_t | T_{p-n+2}^p)$。

在 Markov n-gram 独立性假设下,求解式(9.9)可以简化为

$$\Pr(i_t | T_{p-n+2}^p) = \frac{\sigma(T_{p-n+2}^p, T_t)}{\sigma(T_{p-n+2}^p)} \tag{9.10}$$

此处,$T_t = \varphi(i_t)$,对于给定的频繁模式集合,$\sigma(\cdot)$ 为序列或者模式的支持度计数。但是,式(9.10)仅适用于 $\sigma(T_{p-n+2}^p) > 0$ 的情况,即 X_u 的最近 $n-1$ 项子序列被历史模式所包含。当 $\sigma(T_{p-n+2}^p) = 0$ 时,去掉最早的访问页面 i_{p-n+2},用 $n-2$ 项子序列替代原来的 $n-1$ 项子序列。序列长度减小,$\Pr(i_t | T_1^p)$ 随之衰减,表征目标产品推荐置信度的下降。选择回退类平滑技术(back-off model)来刻画条件概率的衰减,因此,式(9.10)可以总结为

$$\Pr(i_t | T_{p-n+2}^p) = \begin{cases} \dfrac{\sigma(T_{p-n+2}^p, T_t)}{\sigma(T_{p-n+2}^p)}, & \sigma(T_{p-n+2}^p) > 0, \\ \beta \times \dfrac{\sigma(T_{p-n+3}^p, T_t)}{\sigma(T_{p-n+3}^p)}, & \text{其他} \end{cases} \tag{9.11}$$

其中,β 为惩罚因子,衡量的是平滑处理后的 $n-2$ 项子序列和处理前 $n-1$ 项序列

之间的条件概率衰减,可计算为

$$\beta = \frac{\sigma(T_{p-n+3}^{p}, T_t)}{\sigma(T_{p-n+3}^{p})+1} \tag{9.12}$$

式(9.11)迭代进行,直到 $\Pr(i_t|T_t^p) \neq 0$ 为止。假设待匹配的主题访问序列为 $\langle T_1, T_2, \cdots, T_p \rangle$,采用深度优先的策略在 PSC-tree 中寻找路径 Root→T_1→T_2→…→T_p,如果存在此路径,可以获得模式的支持度计数和对应的产品候选集。以图 9.6 进行举例,如果待匹配的主题访问序列为$\langle T_1, T_2, T_3 \rangle$,那么能够在 PSC-tree 中成功搜索到路径 Root→T_1→T_2→T_3,并从路径的终点 T_3 中提取模式$\langle T_1, T_2, T_3 \rangle$ 的支持度计数 15 和产品候选集$\{i_4, i_5, i_6\}$。

9.3.4 结果展示及分析

(1) 基准推荐算法

选择 4 种最常见的推荐算法作为比较对象。

① 基于用户的协同过滤(user-based coll-aborative filtering,UCF)算法[11],选择余弦为相似度度量,近邻用户数量 s 设为 10。

② 基于矩阵分解模型的协同过滤(singular valued composition,SVD)算法[12],潜变量维度设为 100。UCF 和 SVD 均借助于开源项目 Mahout① 实现,同时,由于之前的一些研究已经表明旅游数据中"用户-项目"购买矩阵极度稀疏,因此我们构造"用户-项目"访问频率矩阵作为协同过滤的输入,矩阵中的元素表示用户点击线路页面的次数。

③ 流行推荐算法 Popular,按照购买次数直接排序,取很热门的 Top-k 种产品作为推荐列表。

④ 基于关联规则挖掘的推荐(max confi-dence algorithm,MCA)算法[13],从训练数据中挖掘频繁项集,以置信度作为推荐分值计算依据,SECT 和 MCA 中的 min supp 均默认设置为 15,主题数量 K 设为 80。由于训练集中会话平均长度为 5.64,因此当测试集中会话长度大于 6 时,推荐算法中的 n 取 5,否则 n 为会话长度。

(2) 评价指标

我们选择 3 类指标从不同角度衡量推荐引擎的性能,其中,F-measure 是体现推荐引擎准确率的综合指标,Coverage 是反映推荐列表多样性的指标,NDCG@k (normalized discounted cumulative gain)则用于衡量推荐列表的排序优劣。具体地,假设将用户 u 推荐生成的 Top-k 列表记为 R_u,$R_u(j)$代表为用户 u 在位置 j 上

---

① Mahout 项目的网址为 http://mahout.apache.org/。

推荐的产品,测试集中用户 u 真正购买的产品列表为 G_u,上述 3 种评价指标的计算方法如下。

① F-measure 是准确率(precision)和召回率(recall)的调和平均值,值越高则表明推荐系统的精度越好。

$$\text{Precision} = \frac{|G_u \cap R_u|}{|R_u|}$$

$$\text{Recall} = \frac{|G_u \cap R_u|}{|G_u|}$$

$$\text{F-measure} = \frac{2\text{Precision} \cdot \text{Recall}}{\text{Precision} + \text{Recall}} \tag{9.13}$$

② Coverage 指的是推荐结果里的物品占全部物品的比例,比例越高代表推荐系统推荐的产品覆盖范围越广。

$$\text{Coverage} = \frac{\left|\sum_{u=1}^{|U|} R_u\right|}{M} \tag{9.14}$$

③ NDCG@k 是一个考虑推荐项目次序的指标,该指标衡量了推荐项目的排名,值越高代表排序推荐效果越好。

$$\text{NDCG@k} = \frac{1}{\text{IDCG}} \sum_{j=1}^{k} \frac{2^{\text{Rel}(R_u(j) \in G_u)} - 1}{\text{lb}(1+j)} \tag{9.15}$$

NDCG@k 计算的是位置 j 从 1 到 k 的总 NDCG 值;Rel 是一个指示函数,计算的是推荐项目出现在位置 j 的增益,在本案例中,如果列表中位置为 j 的推荐产品为用户下单的产品,则 Rel 的值为 1,否则为 0;IDCG 为规格化因子,代表在最理想情况下的 DCG 值,在本案例中,最理想的 DCG 情况为用户实际下单产品在推荐列表中排名第一,即 IDCG=1。

图 9.7 分别展示了 SECT 和另外 4 种基准推荐算法在 3 类评价指标上的对比结果,x 轴为 Top-k 推荐列表长度,分别设为 3,5,10,20。总体上看,SECT 推荐算法在不同指标上均明显优于其他基准推荐算法,其中流行推荐算法(Popular 算法)的效果最差,这说明用户在购买旅游产品时具有明显的个性化偏好,排行榜式的推荐难以取得良好的效果。

从图 9.7(a)可以看出,当 k 值分别取 10 和 20 时,SECT 的 F-measure 超过 30%,比排名第 2 的 UCF 高出至少 10%。从平均意义来看,SECT 每推荐 10 种旅游产品将会带来 3 次的实际购买。

从图 9.7(b)可以看出,SECT 在 Coverage 指标上的性能最好,且随着 k 的增大,优势变得更加显著,当 $k=20$ 时,Coverage 达到 40%,这表明 SECT 推荐结果能覆盖更多的产品;UCF 和 SVD 通过"用户-项目"访问频率矩阵能够找到的相似用户的数量比较少,因此,推荐的产品覆盖范围有限;Popular 针对所有用户都是推荐同样的流行产品,因此,Coverage 值最小,接近于 0。

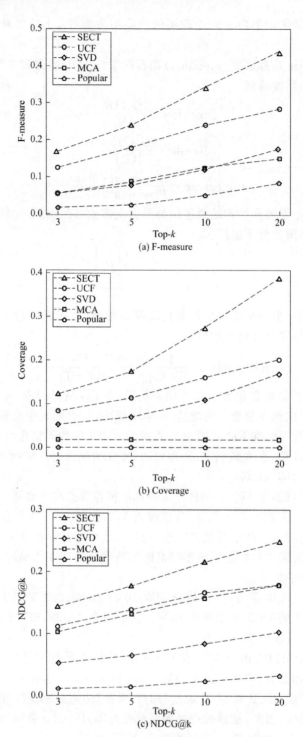

图 9.7 各推荐算法在不同评价指标上的比较

从图9.7(c)可以看出,SECT 的推荐列表排序效果最好,UCF 其次,MCA 仅次于 UCF,当 k 值逐渐增大到 20,MCA 和 UCF 的推荐产品的排序性能接近。当 k 值分别取 10 和 20 时,SECT 的 NDCG@k 要比 UCF 和 MCA 高出至少 5%,比 SVD 高出至少 10%。这充分说明 SECT 推荐的正确产品位置比较靠前,排序性能较好。

众所周知,对推荐系统而言,推荐流行的产品较为容易,而推荐长尾物品增加了推荐产品的新颖性,但同时是一个挑战。

图 9.8 展示了训练集中所有产品的访问频率分布,可以看出长尾现象尤其显著。具体而言,训练集中所有产品的平均访问频率为 17,此外,低于平均访问频率的产品比例高达 80.7%,这意味着大多数的访问集中于少数的流行产品。我们同样选择 UCF 和 SVD 作为基准算法来考察 SECT 挖掘长尾物品的能力。

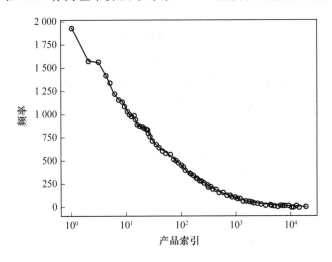

图 9.8 训练集中所有产品的访问频率分布

图 9.9 展示了 3 种算法在旅游数据集上推荐产品的平均流行度(产品在训练集中的访问频率)。总体来看,SECT 推荐的产品的流行度要低于 UCF 和 SVD,其中 UCF 最高,SVD 其次。当 k 分别取值 3 和 5 时,SECT 和 SVD 接近,而 UCF 的流行度明显偏高。相比于 UCF 和 SVD,随着 k 的不断增大 SECT 推荐的产品的流行度下降得更加显著,当 $k=20$ 时,SECT 的流行度为 221,而 UCF 和 SVD 分别高达 319 和 278。

将训练集中所有产品根据访问频率进行倒序排序,分别将排在前 60%、70%、80%、90% 的产品标记为长尾物品。图 9.10 分别展示了 SECT 与基准算法在 Top-20 推荐列表中准确推荐的长尾物品的比例。从图 9.10 可以看出,在长尾物品阈值为 0.6~0.9 时 SECT 性能要优于 UCF 和 SVD,且随着长尾物品阈值的增加,SECT 的优势越来越显著。当长尾物品阈值设为 0.9 时,SECT 推荐准确的长

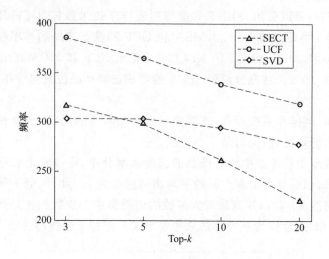

图 9.9 推荐产品的平均流行度

尾物品比例为 22.8%，SECT 的性能分别比 UCF 和 SVD 的性能高出 9% 和 12%。因此，相比于传统的协同过滤算法，SECT 的推荐列表更具有新颖性，能够准确推荐更多的长尾物品，这得益于 SECT 能够从历史会话中挖掘出很多有趣的模式。

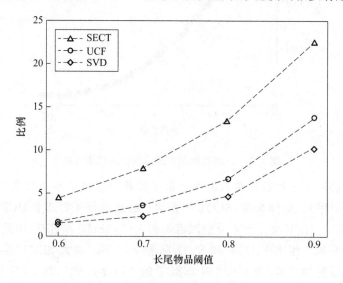

图 9.10 准确推荐的长尾物品

本章小结

本章介绍了电子商务推荐系统的定义及其发展历程、组成以及在实际应用中发挥的作用,重点比较了推荐系统中的几种常用推荐算法。并且,本章在案例部分研究了基于主题序列模式的旅游产品推荐问题,提出了 SECT 算法。在离线批处理阶段,SECT 利用已有的 LDA 和 K-Means 算法从页面语义描述文本中挖掘旅游主题,并通过 ECLAT 算法对在线旅游网站点击日志进行挖掘从而产生频繁时序模式。SECT 算法从模式库和日志会话中产生候选产品集。在在线计算阶段,本章提出了基于 Markov n-gram 的推荐算法,依据用户实时点击流进行模式匹配和推荐产品的分值计算,最终产生旅游产品推荐列表。最后本章以途牛旅游网为案例,对比了 SECT、UCF、SVD、MCA、Popular 等推荐算法。总而言之,特征提取、冷启动、稀疏问题等是推荐系统面临的共性问题。只有从理论和实践应用两方面进行更深入的研究探讨,才能从根本上解决这些问题,从而促进推荐系统的不断完善以适应实际应用需求。

本章参考文献

[1] 赵良辉,熊作贞. 电子商务推荐系统综述及发展研究[J]. 电子商务,2013(12): 58-60.

[2] RESNICK P, VARIAN H R. Recommender systems[J]. Communications of the ACM, 1997, 40(3): 56-58.

[3] HA S H. Helping online customers decide through web personalization[J]. IEEE Intelligent Systems, 2002, 17(6): 34-43.

[4] 许海玲,吴潇,李晓东,等. 互联网推荐系统比较研究[J]. 软件学报,2009,20(2): 350-362.

[5] LAWRENCE R D, ALMASI G S, KOTLYAR V, et al. Personalization of supermarket product recommendations[M]//Applications of data mining to electronic commerce. Boston: Springer, 2001: 11-32.

[6] 刘平峰,聂规划,陈冬林. 电子商务推荐系统研究综述[J]. 情报杂志,2007,26(9): 46-50.

[7] 刘远晨. 基于知识的推荐系统综述[J]. 计算机时代,2022(4): 13-16+20.

[8] 余力,刘鲁. 电子商务个性化推荐研究[J]. 计算机集成制造系统,2004,10(10): 1306-1313.

[9] 任磊. 推荐系统关键技术研究[D]. 上海: 华东师范大学,2012.

[10] 纪文璐,王海龙,苏贵斌,等. 基于关联规则算法的推荐方法研究综述[J]. 计算机工程与应用,2020,56(22): 33-41.

[11] 朱桂祥,曹杰. 基于主题序列模式的旅游产品推荐引擎[J]. 计算机研究与

发展，2018，55(5)：920-932.

[12]　RESNICK P，LACOVOU N，SUCHAK M，et al. Grouplens：an open architecture for collaborative filtering of netnews [C] //Proc. of the 1994 ACM Conf. on Computer Supported Cooperative Work. New York：ACM，1994：175-186.

[13]　KOREN Y. Factorization meets the neighborhood：a multifaceted collaborative filtering model [C] //Proc. of the 14th ACM SIGKDD Int Conf. on Knowledge Discovery and Data Mining. New York：ACM，2008：426-434.

第 10 章

电子商务攻击模型与检测技术

10.1 推荐系统

随着信息化、网络化、数字化及智能化的发展，人们进入了"互联网+"时代，各种先进的计算机信息技术、多媒体技术及数字化技术等被应用到各大领域。在这一过程中，海量数据不断生成，互联网用户很难从中提取出对自己有意义的信息，自然导致互联网上的一部分数据很少被访问，这些数据被称为"暗信息"。而互联网的蓬勃发展给用户的日常生活带来了巨大影响，而用户同时也会面临"信息超载"问题，使得用户的信息利用效率不升反降，这不仅影响了消费者的体验和满意度，也给平台出了一道难题。

解决信息超载问题一个非常有潜力的办法是利用推荐系统。在推荐系统发展的早期，常见的推荐方法是简单地依据物品的销量、话题的点击量或新闻的阅读量等进行排序，然后选取排在最前面的 N 个物品组成排行榜并将其推荐给用户。这种方法具有非常不错的效果，直到今天我们仍能经常在各大网站上看到类似的功能。但这种方法也存在着巨大的缺陷，即只有少量的排在前列的物品能够得到推荐，更多的物品则被埋没不为人知，根据营销中的"长尾理论"我们知道，细小市场的累积所产生的利润同样是巨大的，因此如何充分利用已有资源（物品），以及如何使得推荐尽可能准确，成了推荐系统领域研究的主要目标，由此个性化推荐系统应运而生。

在第 9 章，我们已经对推荐系统和具体案例做出阐述，因此这里只做简要说明。个性化推荐系统是根据用户的信息需求、兴趣等，将用户感兴趣的信息、产品等推荐给用户的个性化信息推荐系统。和搜索引擎相比推荐系统通过研究用户的兴趣偏好，进行个性化计算，由系统发现用户的兴趣点，从而引导用户发现自己的信息需求。一个好的推荐系统不仅能为用户提供个性化的服务,还能和用户之间建立密切关系,让用户对推荐产生依赖。一个推荐系统的基本框架如图 10.1 所示。

推荐系统在如此多的领域得到了广泛运用[1],而其中很典型的就是在电子商务领域的应用。推荐系统和电子商务的结合是电子商务企业的一项内在要求,不仅使电子商务得到良好发展,还使推荐系统的研究更加具有应用前景。

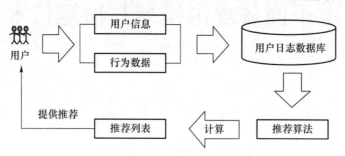

图 10.1 一个推荐系统的基本框架

推荐系统的核心为推荐策略,其决定着推荐系统的种类和性能。目前,已有的几个大型电子商务企业推出的推荐系统的推荐策略有很大不同,且对这些推荐策略没有一个统一的分类标准。

根据国内外研究者对推荐策略的研究,学者们普遍认可的推荐策略可分为以下几类:协同过滤(collaborative filtering,CF)推荐、基于内容的推荐、混合推荐[2]。其中协同过滤推荐的核心是通过对特定的用户群进行挖掘和识别,基于内容的推荐的核心是利用信息过滤技术进行推荐,而将上述两者进行有机结合则是混合推荐。其中,协同过滤推荐(如图 10.2 所示)是最流行的推荐算法,目前,很多著名的推荐系统都是基于协同过滤推荐的,如亚马逊网络书店、GroupLens、TiVo、Netflix、YouTube 和 Facebook 等。我们已经在第 9 章对协同过滤推荐做出了阐述,其基本思想是:找到与目标用户 U_t 相似的 k 个用户,根据 k 个相似用户对项目的评分来预测目标用户 U_t 对项目 I_i 的评分。已有的协同过滤的推荐策略大多基于用户——项目矩阵进行推荐。矩阵值 r_{mi} 表示第 U_m 个用户对第 I_i 个项目的评分值,推荐系统的任务就是根据已知的用户——项目矩阵的部分值预测该矩阵的缺失值,推荐系统选择 N 个预测值最高的项目作为用户的推荐列表。这一思想符合人们日常生活中的行为习惯,即利用好朋友的喜好来推断某个陌生用户的喜好。计算用户相似度仍然依据用户评分向量,可以选择利用余弦相似度、皮尔逊相关系数、Jacaard 系数等。这种朴素的预测方法给了恶意用户可乘之机,恶意用户如果能伪造出与目标用户 U_t 相似的评分向量,就能影响目标用户 U_t 的预测评分,恶意用户实施的这种攻击称为托攻击(shilling attack)。

基于内容的推荐是一个重要的推荐思想。基于内容的推荐的主要思想为系统

第10章 电子商务攻击模型与检测技术

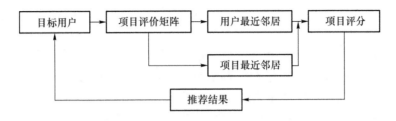

图 10.2 协同过滤推荐算法过程

向用户推荐与他们过去兴趣相似的物品。在这种方法中,系统会事先对物品标记上相应的属性特征,然后提取用户已购买物品的属性特征并将其作为用户的偏好。当需要产生推荐时,系统会计算待推荐物品的属性特征与已购买物品的属性特征之间的相似度,然后取相似度最高的 N 个物品进行推荐。例如,某用户观看了许多部周星驰出演的电影,那么系统将很可能会向其推荐周星驰出演的其他电影。基于内容的推荐可以被用在各种领域,如为顾客推荐产品,为网民推荐文章、新闻,为消费者推荐饭店等。

混合推荐算法将两种或两种以上算法和模型的优点结合在一起。在理论上有很多种组合方式,但目前常用的组合方式是将协同过滤推荐和基于内容的推荐混合,大致有前、中、后3种融合方式。前融合是将各种推荐方法直接融合,例如,将协同过滤推荐和基于内容的推荐算法融合到一个系统框架下的模型就是前融合。中融合是将某一类推荐算法作为基本框架,再融合另外一类推荐算法。例如,将协同过滤推荐的算法融合到基于内容的推荐算法框架内。后融合是先产生推荐结果然后将结果进行融合,即融合两个以上的推荐算法产生的结果。例如,将协同过滤推荐算法的结果和基于内容的推荐算法的结果融合到一个融合列表中,从而决定最后的推荐对象。尽管从理论上有很多种混合推荐算法,但在某一具体问题中并不见得每种算法的混合都有效。混合推荐算法一般分为整体式混合、并行混合、流水线混合等。

10.2 攻击检测

10.2.1 攻击目标和方式

推荐系统根据用户的历史数据信息,向用户推荐与之匹配的项目。将项目推荐给需要的人,极大地缓解了信息过载的问题。个性化推荐系统于20世纪末被提出,伴随着网络的迅速发展,大量的用户数据使得用户的偏好能够得到更好的预测，个性化推荐系统也越来越受到众多学者的青睐。其中，推荐结果的准确率是研究学者的目标。

协同过滤推荐系统因其优秀的个性化推荐结果在各行各业尤其是电子商务中被人们重视，进而发展迅猛。但是，其也有一些很棘手的问题，其中之一就是安全性问题。协同过滤推荐系统依据用户的历史数据给用户推荐，但是如果数据源是虚假的，这就严重影响了推荐系统的效果，进而严重影响用户的切身体验。因此推荐系统的攻击检测问题逐渐成为学术界和电商企业的研究热点。

攻击者将人为伪造的数据（如用户-项目评分数据）注入采用推荐系统的某应用或网站中，从而人为改变目标项目的评分。这种攻击被称作攻击概貌。这种托攻击无疑是为了人为打压目标项目或者抬高目标项目。这种托攻击手段不是简单地通过人为伪造的少许用户-项目评分数据去影响推荐系统中的推荐效果，要想达到托攻击的效果还需要取决于人为数据的数量。托攻击可以被分为推攻击（push attack）和核攻击（nuke attack）。推攻击顾名思义就是为了"推"，让目标项目得到更高的推荐率和更高的关注度。而核攻击达到的效果和推攻击相反，其为的是打压、干扰目标项目，降低目标项目的受众。

托攻击者通过伪造用户模型，并使得伪造用户成为尽量多的正常用户的近邻，由于协同过滤推荐是基于近邻的兴趣来推荐的，所以，托攻击者就能干预系统的推荐结果，增加或减少目标对象的推荐频率[3]。电子商务的迅速发展，使得网店店主和供货商利用托攻击攫取经济利益成为可能。例如，2001年，索尼影业承认利用伪造电影评论的方法向用户推荐许多新发行的电影；2002年，亚马逊公司接到投诉后发现有恶意用户利用托攻击使得网站在推荐一本名著时还会推荐一本有关性方面的书。

10.2.2 推荐系统攻击检测

协同过滤推荐系统在面对各种类型的推荐攻击时展现了极大的脆弱性，攻击者可以通过一些手段使推荐系统的推荐结果产生改变，推荐攻击严重威胁了推荐系统的准确性和安全性，如何检测推荐攻击成为一个亟须解决的问题。推荐攻击检测任务需要在推荐系统做出推荐之前进行，以有效地检测出推荐攻击，消除推荐攻击对推荐结果带来的负面影响，将更优质的推荐结果展示给用户，所以推荐攻击检测工作具有实时性，需要快速准确地进行。推荐攻击检测通过分析攻击用户和正常用户之间的行为差别，提取用户特征，依靠机器学习方法训练检测模型，将攻击用户和正常用户区分出来，去除系统中攻击用户的数据，使用正常用户的行为数据，进而使用推荐算法产生推荐列表为用户做出推荐。推荐攻击检测的基本框架如图 10.3 所示。推荐攻击检测技术分为监督学习检测方法、半监督学习检测方法、无监督学习检测方法,目前已有许多经典的算法被应用于推荐系统攻击检测问题。

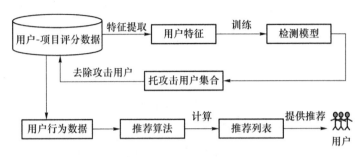

图 10.3 推荐攻击检测的基本框架

由于推荐系统研究具有重要的理论意义和应用价值,而托攻击检测是保障推荐系统安全性和健壮性的关键技术之一,SIGKDD、SIGIR、ICDM、AAAI、WWW、RecSys、INFORMS Journal on Computing 等多个重要国际学术会议和国际期刊多次报道这方面的研究工作。国际上很多著名大学和机构对该主题开展了深入研究,如美国明尼苏达大学、德保罗大学和达特茅斯学院、爱尔兰都柏林大学、德国汉诺威大学、谷歌公司等。由于推荐系统是在搜索引擎之后兴起的研究方向,目前,国内外的研究文献主要针对推荐系统本身,只有少量涉及托攻击检测。

10.3 托 攻 击

10.3.1 托攻击模型及其分类

从攻击者角度来看,最好的托攻击就是对推荐系统造成的危害最大,而实施成本却最低的托攻击[5],成本包括伪造用户模型的数量和长度以及伪造用户模型所需的知识量,如项目平均分、流行项目集合等。从托攻击的目的来看,托攻击可以分为 3 类:推攻击、核攻击和恶意扰乱攻击[5]。推攻击试图提高目标项目的推荐排名,反之,核攻击试图降低目标项目的推荐排名,而恶意扰乱攻击则试图使推荐系统失灵。

为清晰描述托攻击模型,托攻击评分向量通常由 I_t、I_F、I_S、I_ϕ 4 部分组成,其中 I_t 为目标项目,I_F 为装填项目,I_S 为选择项目,I_ϕ 为未评分项目,如图 10.4 所示。不同的攻击模型的区别就在于如何选择项目。不同攻击模型的 I_S、I_F 及 I_t 的填充数值有所不同。目标项目是攻击者试图提高或降低推荐频率的项目,攻击者利用装填项目伪装成正常用户,让选择项目成为尽量多正常用户的近邻。

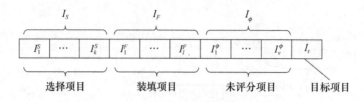

图 10.4　托攻击评分向量

Williams 等人将托攻击模型分为 8 类,如表 10.1 所示。推攻击都对目标项目评最高分,核攻击都对目标项目评最低分。随机攻击对装填项目评分取该项目的随机值。平均攻击对装填项目评分取该项目的平均值,平均攻击的构造代价比随机攻击高。分段攻击将目标项目的近邻项目作为选择项目,以加强对同类型用户的影响程度。流行攻击的基本思想是齐普夫定律,即少数项目可以吸引大多数人的注意,攻击者将流行项目作为选择项目,项目的流行程度通常使用其被评分的次数来衡量。抽样攻击也称为拷贝模型攻击,需要其他用户的评分记录作为先验知识。Love/Hate 攻击[4]随机选择填充项目,无须任何先验知识,其核攻击版本是攻击基于用户的协同过滤推荐系统最有效的手段。

表 10.1　托攻击模型

模型名称	推攻击	核攻击
随机攻击	$I_S=\varnothing; I_F=r_{ran}; I_t=r_{max}$	$I_S=\varnothing; I_F=r_{ran}; I_t=r_{min}$
平均攻击	$I_S=\varnothing; I_F=r_{avg}; I_t=r_{max}$	$I_S=\varnothing; I_F=r_{avg}; I_t=r_{min}$
分段攻击	$I_S=r_{max}; I_F=r_{min}; I_t=r_{max}$	$I_S=r_{min}; I_F=r_{max}; I_t=r_{min}$
流行攻击(随机装填)	$I_S=r_{max}; I_F=r_{ran}; I_t=r_{max}$	$I_S=r_{min}; I_F=r_{ran}; I_t=r_{min}$
流行攻击(平均装填)	$I_S=\varnothing; I_F=r_{avg}; I_t=r_{max}$	$I_S=\varnothing; I_F=r_{avg}; I_t=r_{min}$
抽样攻击	$I_S=\varnothing; I_F=r_{copy}; I_t=r_{max}$	$I_S=\varnothing; I_F=r_{copy}; I_t=r_{min}$
Love/Hate 攻击	$I_S=\varnothing; I_F=r_{min}; I_t=r_{max}$	$I_S=\varnothing; I_F=r_{max}; I_t=r_{min}$

为逃避检测,恶意用户可能采用混淆技术,Williams 等人[5]提出两种混淆技术:噪声注入和目标偏移。Hurley 等人[7]提出在最流行项目中选择装填项目构造平均攻击的混淆版本 AoP(average-over-popular)攻击,这种技术(不妨命名为"流行装填")显然也适用于其他类型的攻击,我们将托攻击混淆技术归结为如下 3 种。

① 噪声注入:在装填项目或选择项目的评分上加上一个随机数,William 等人建议该随机数可以由常数因子 α 与高斯分布的随机数相乘得到。

② 目标偏移:对目标项目评最高分或最低分容易引起检测器的注意,所以目

标偏移就是将目标项目评分改成次高分或次低分。

③ 流行装填:在 Top-x% 的最流行项目集合内等概率选择装填项目,项目流行程度可以通过项目被评分的数量来衡量。

由表 10.1 中单种模型构成的托攻击往往易于检测,混合使用 8 种攻击模型和 3 种托攻击混淆技术可以构造出更为复杂的托攻击模型,如果若干个恶意用户同时攻击推荐系统,且他们自由选择地攻击模型和混淆技术,那么混合型托攻击就应运而生了。

10.3.2 托攻击危害性的衡量指标

托攻击危害性的衡量指标用于定量刻画描述一组托攻击对某种推荐系统的影响程度,这些指标可以用于比较不同托攻击模型的危害性,也可以比较采用不同推荐算法的推荐系统面对托攻击时的脆弱性。托攻击危害性与托攻击类型、装填项目数量、托攻击者数量以及推荐系统的核心算法有关。衡量推荐系统性能可以从预测准确度和排序准确度入手,预测准确度表示推荐系统预测评分与实际分值的接近程度,排序准确度表示推荐系统所产生的 Top-N 推荐列表中有多少个项目是用户真正喜欢的。

① 预测准确度:平均预测偏移刻画托攻击者对正常用户预测评分造成的影响,设预测的评分数量为 $|T|$, p'_{mi} 是存在托攻击时第 U_m 个用户对第 I_i 个项目评分的预测值, p_{mi} 是正常情况下第 U_m 个用户对第 I_i 个项目评分的预测值,平均预测偏移计算如式(10.1)所示。

$$\overline{\Delta} = \sum_{r'_{mi} \in T} \frac{p'_{mi} - p_{mi}}{|T|} \tag{10.1}$$

平均预测偏移越大,说明推荐系统面对托攻击时越脆弱,即托攻击对该推荐系统越有效。

② 排序准确度:预测准确度通常并非推荐系统关注的重点,Top-N 推荐列表显得尤为重要。因此,托攻击者更为关注目标项目是否进入了正常用户的 Top-N 推荐列表。击中率就从排序角度来衡量托攻击的危害性,平均击中率的计算如式(10.2)所示。

$$\overline{\text{HitRatio}} = \frac{\sum U_m \in U_{\text{hit}_{\text{sum}}}}{N \cdot |U|} \tag{10.2}$$

其中, hit_{sum} 表示目标项目在用户 U_m 的 Top-N 推荐列表中的个数。

Lam 和 Riedl[3] 注意到多个预测分值相同的项目将占用 Top-N 列表中的一个排名,提出预期 Top-N 占用数(expected Top-N occupancy, ExpTopN)指标,其计算公式如式(10.3)所示。

$$\text{ExpTopN} = \sum_{I_t \in \text{Targ}} \frac{N_{I_t}}{\text{RN}_{I_t}} \quad (10.3)$$

其中,T_{arg}是目标项目集合,N_{I_t}是与目标项目I_t有同样排名的项目个数,RN_{I_t}是N_{I_t}个项目占用掉的排名个数。大部分研究工作都是以平均预测偏移来衡量托攻击危害性的,Mehta 和 Nejdl[8]以最大化平均预测偏移为目标函数得出平均攻击在所有攻击模型中最具威力这一结论。但是,HitRatio 和 ExpTopN 更加契合推荐系统的本质和实施托攻击的目标。

10.3.3 检测托攻击的特征指标

攻击者与正常用户在评分方式上存在差异,比如,正常用户根据自己的喜好对商品进行差异化评分,而托攻击总是对目标商品评最高分,即便该商品没有得到多数人的喜爱,特征指标正是用于捕捉托攻击者与正常用户在评分方式上的差异。

表 10.2 列出了本章参考文献[5]、[6]、[9]、[10]中提出的 11 个特征指标,它们从不同角度刻画了用户评分向量的差异性,如用户评分向量的长度变化、用户模型与其 k 近邻的相似度、用户模型评分项目与其平均分之间的关系等。其中,有 6 个指标用于刻画用户模型评过分项目与其平均值之间的一阶矩关系,RDMA (rating deviation from mean agreement)[9]是最早被定义的一阶矩指标,它以 $1/|I_j|$ 规格化,这使得 $|I_j|$ 很小的项目对 RDMA 的贡献过高,这不符合实际情况,将规格化因子 $1/|I_j|$ 改成 $1/|I_j|^2$ 后得到 WDMA(weighted deviation from mean agreement)。

进一步,Burke 等人[10]在 RDMA 的基础上提出了 WDA(weighted degree of agreement)和 FMTD(filler mean target difference),分别表示用户评分与其均值的偏差在列向量长度和行向量长度上的平均值。Williams 和 Mobasher[4]定义了 MeanVar(mean variance)和 FMV(group filler mean variance),其用于刻画用户模型评过分项目及其平均值之间的二阶矩关系,MeanVar 和 FMV 区别在于:前者只去掉一个最高分项目,后者将所有最高分项目都去除了。针对分段攻击,FMTD[5]指标用于刻画评最高分项目集合 U_m^T 与剩余项目集合 U_m^F 平均分之间的偏差,而 TMF 则用于衡量用户模型对目标项目的关注度。由于用户评分向量容易计算出各个特征指标值,很多检测器将托攻击检测问题建模为分类问题,综合多个特征指标作为属性训练分类器的决策树节点,如图 10.5 所示,将要介绍的基于 C4.5 决策树的检测器采用 5 个特征指标作为分裂属性。

表 10.2　特征指标的相关计算公式

特征指标的含义	特征指标的计算公式
用户评分的熵	$\text{Entropy} = -\sum\limits_{r=1}^{r_{\max}} \dfrac{n_r}{\sum\limits_{i=1}^{r_{\max}} n_i} \log_2 \dfrac{n_r}{\sum\limits_{i=1}^{r_{\max}} n_i}$
用户模型与其 k 近邻的平均相似度	$\text{DegSim} = \dfrac{\sum\limits_{n=1}^{k} \text{Sim}(U_m, U_n)}{k}$
用户评分向量的长度变化	$\text{LengthVar} = \dfrac{\lvert U_m \rvert - \overline{U}}{\sum\limits_{n=1}^{\lvert U \rvert} (\lvert U_n \rvert - \overline{U})^2}$
用户模型评过分项目与其平均值之间的一阶矩关系	$\text{RDMA} = \dfrac{1}{\lvert U_m \rvert} \sum\limits_{j=1}^{\lvert U_m \rvert} \dfrac{\lvert r_{mj} - \overline{r_j} \rvert}{\lvert I_j \rvert}$
	$\text{WDMA} = \dfrac{1}{\lvert U_m \rvert} \sum\limits_{j=1}^{\lvert U_m \rvert} \dfrac{\lvert r_{mj} - \overline{r_j} \rvert}{\lvert I_j \rvert^2}$
	$\text{WDA} = \sum\limits_{j=1}^{\lvert U_m \rvert} \dfrac{\lvert r_{mj} - \overline{r_j} \rvert}{\lvert I_j \rvert}$
用户模型评过分项目与其平均值之间的二阶矩关系	$\text{MeanVar} = \dfrac{1}{\lvert U_m \rvert - 1} \sum\limits_{I_j \in (U_m - I_t)} (r_{mj} - \overline{r_j})^2$
	$\text{FMV} = \dfrac{1}{\lvert U_m^F \rvert} \sum\limits_{I_j \in U_m^F} (r_{mj} - \overline{r_j})^2$
评最高分项目集合与剩余项目集合的平均分偏差	$\text{FMTD} = \left\lvert \left(\dfrac{\sum\limits_{i \in U_m^T} r_{mi}}{\lvert U_m^T \rvert} \right) - \left(\dfrac{\sum\limits_{j \in U_m^F} r_{mj}}{\lvert U_m^F \rvert} \right) \right\rvert$
用户模型对目标项目的关注度	$\text{TMF} = \max\limits_{I_j \in U_m^T} \dfrac{\lvert I_j^{\max} \rvert}{U_n \in I_j^{\max} \lvert U_n^T \rvert}$

注：r 表示用户的评分值，n_r 表示评分值 r 在 U_m 中出现的次数，$\lvert U_m \rvert$ 表示 U_m 的长度。$\text{Sim}(U_m, U_n)$ 表示两个用户之间的相似度，可以选用皮尔逊相关系数、余弦相似度或 Jaccard 相关系数等，$\overline{r_j}$ 表示项目 I_j 的平均评分。$\lvert I_j \rvert$ 表示对项目 I_j 评分的用户数量，$\lvert \overline{U} \rvert$ 表示所有用户的平均评分长度，U_m^T 表示用户 U_m 评最高分的项目集合，U_m^F 表示用户 U_m 的其他评分项目集合，$I_j^{\max}$ 表示对项目 I_j 评最高分的用户集合。

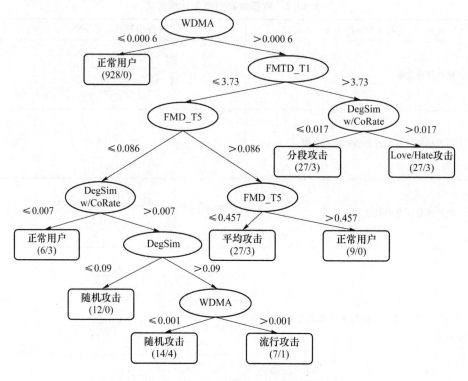

图 10.5 基于 C4.5 决策树的托攻击检测算法[4]

10.4 托攻击检测算法

自 2004 年托攻击概念被提出以来,国内外学者提出了很多检测算法来加强推荐系统的健壮性和安全性。托攻击检测本质上是一个分类问题,根据对先验知识的使用程度,检测算法可分为基于监督学习、无监督学习和半监督学习 3 类。从算法使用用户模型信息来看,检测算法可分为两类:第一类算法依据 10.3 节所介绍的特征指标来检测;第二类算法直接依据用户评分记录来检测。我们以机器学习角度分类为主线,融合所依据的用户模型信息类型来介绍现有的托攻击检测算法。

10.4.1 监督学习

以已知类别用户作为参照来训练检测器是人们应对托攻击检测时的直观想法,其本质是基于监督学习构造分类器,该类检测算法大多将 10.3 节定义的特征指标作为分类器属性。Chirita 等人[8]提出的第一个托攻击检测算法通过观察标记用户的各项特征指标分布规律,首次提出结合 DegSim 和 RDMA 的托攻击检测经验算法,其使用平均相似度和 RDMA 两个指标来检测平均攻击和随机攻击。随后,美国德保罗大学的 Williams 等人[5,10,11]系统地定义了检测指标,在基于决策树检测托攻击方面做了大量工作,Williams 等人的技术报告总结了他们所做的工作,图 10.5 描述了用于检测平均攻击、随机攻击、分段攻击、流行攻击和 Love/Hate 攻击等 5 种托攻击的 C4.5 决策树。显然,特征指标的选择是影响监督学习检测器性能的重要因素,人为地预设一些特征指标难以适应随时变化的攻击者,为此,本章参考文献[11]提出了一种基于标记用户模型的特征指标选择算法,根据训练集自动选择区分能力好的指标。特征选择方法无疑能作为一种补充手段提升监督学习检测器的性能,其本身一直是数据挖掘中的研究议题,但适用于托攻击检测应用的特征选择方法却鲜有论述。

10.4.2 无监督学习

监督学习的检测器由于过度地依赖特征指标和训练集,因此对于跟训练集特征相似的用户模型检测效果良好,而对于新的托攻击或经过混淆后的托攻击则力所不及。因此,研究者转向使用无监督学习构造检测器,即试图将托攻击者"聚"到一起加以识别。

Mehta 等人[8]发现托攻击者之间的皮尔逊相似度极高(>0.9),因此,相似度最高的一些用户很可能就是托攻击者。据此,Mehta 等人提出第一个基于无监督学习的检测器——PCASelectUsers 算法,其无须任何先验知识,而且不依赖特征指标。该算法首先将用户项目评分矩阵转化为 z-score,然后将 D 的转置矩阵与 D 相乘得到协方差矩阵,再利用主元分析获得 3~5 个 Eigen 向量以计算距离,返回 r 个距离最小的用户,将其识别为托攻击者,PCASelectUsers 算法的流程如图 10.6 所示。PCASelectUsers 算法极具巧思,在没有任何先验知识的指导下取得了不错的效果,但是,它难以对付 AoP 攻击,更为致命的是,人们难以知道实际的推荐系统中隐藏了多少个托攻击者,所以,很难设定参数 r,这极大限制了 PCASelectUsers 算法的实际应用。

图 10.6 PCASelectUsers 算法的总体流程

Bryan 等人[12]提出 UnRAP 算法,其通过 3 个步骤检测托攻击:①计算所有用

户的 H_v；②确定目标项目；③确定托攻击者。Hurley 等人[7]提出了基于奈曼-皮尔逊准则的托攻击检测器，分别提供监督学习和无监督学习两个版本。Lee 和 Zhu[13]提出的检测器首先利用聚类的方法将相似用户聚成同一簇，然后提出利用 Group RDMA 来判断某一簇的用户是不是托攻击者。也有学者利用奇异值分解的无监督检测方法。本质上，上述这些基于无监督学习的检测器潜在假设了托攻击者具有极大的相似性，检测器的准确性也依赖这一规律是否应验。

10.4.3 半监督学习

对于珍贵的标记用户信息，若弃之不用则很可惜，大量无标记用户表现出的分布规律也不容忽视，于是基于半监督学习的托攻击检测器便应运而生。在亚马逊、淘宝等实际的电子商务网站中，存在大量无法确定身份的用户（无标记数据），而只有少量用户的身份可以确定（标记数据），例如，淘宝网上好评率极高或极低的用户、皇冠用户等的身份容易确定，大量好评率适中用户的身份难以确定。同时，无标记数据往往容易获取，获取标记数据可能需要耗费大量的人力物力，例如，逐一辨明淘宝网海量用户的身份是非常困难的，所以半监督学习的托攻击检测方法能适应实际需求。

Wu 等人[14]提出一种基于半监督学习的托攻击检测方法，首先使用朴素贝叶斯分类器在标记数据上训练初始分类器，然后在无标记数据上改进分类器。以往的检测器都聚焦于由单种模型构造出的托攻击，事实上，不同的恶意用户可能使用不同模型和混淆技术实施托攻击，推荐系统面临着混合型托攻击的威胁。为此，我们提出一种针对混合型托攻击的基于半监督学习的检测器，称为 HySAD。图 10.7 描述了 HySAD 的总体框架，HySAD 是基于特征指标的，集成了特征自动选择功能，核心部分的学习过程基于半监督朴素贝叶斯（SNB_λ）方法展开，SNB_λ 利用极大似然估计参数值，使用类似 EM 算法迭代求解[14]。

基于半监督学习的检测器综合了标记数据的准确性，又合理使用了无标记数据的分布规律，比以往基于监督学习和无监督学习的检测器的性能更为优越。

从机器学习的角度对现有托攻击检测算法的分类基于先验知识式。从先验知识的内容来看，现有检测算法将 10.3 节所介绍的特征指标作为输入数据，如 Chirita 等人[9]最早提出的算法、基于 C4.5 决策树的算法[5]及基于半监督学习的 HySAD[14]等；或直接将评分向量作为输入数据，如基于奈曼-皮尔逊准则的检测器[14]、PCASelectUsers[8]及 UnRAP[12]。只有 Lee 和 Zhu[13]提出的基于聚类和 GRDMA 的检测算法综合利用了特征指标和评分向量。

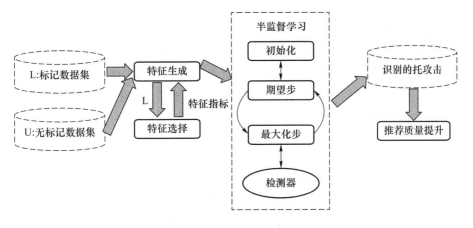

图 10.7 HySAD 的总体框架

10.5 托攻击检测实验数据集与评价指标

为评价新提出托攻击检测算法的有效性,需要在一些开放数据集上进行实验以获得一系列评价指标。仿真实验是将模拟产生的各种类型的托攻击注入开放数据集中,以评价算法的检测效果。而真实案例分析试图检测实际网站中存在的托攻击,并为检测结果寻求语义支撑。本节从仿真实验和真实案例分析两个角度介绍托攻击检测实验中的常用数据集、评价指标、实验方法等内容,为其他研究者进一步实施实验评价提供基础知识。

10.5.1 电影评分数据集

绝大部分托攻击模型与检测领域的研究[3,5,7-11]都将美国明尼苏达大学 GroupLens 研究小组发布的 MovieLens(http://movielens.umn.edu/)作为实验数据集,MovieLens 分为 3 个数据集,分别有 10 万、100 万和 1 000 万 3 个数量级的评分个数,在托攻击模型与检测领域应用最广泛的是 ML-100K 数据集,它包含 5 个训练集和测试集分组,每一个分组是 943 个用户在 1 682 部电影上 100 000 条评分的不同比例拆分。少量研究采用了 EachMovie 数据集[15],该数据集是由 Digital Equipment Corporation 系统研究中心收集的电影评分数据集。该数据集包含了不同用户对不同项目的 2 800 万条评分,其评分范围从 1 到 5。9 表示不喜欢,6 表示非常喜欢。采用 EachMovie 数据集的原因在于 MovieLens 数据集的部分数据来自 EachMovie 数据集。Netflix(http://www.netflixprize.com/)是另一个著名电影评分数据集,Netflix 数据集规模极大,很难在全部数据集上做分析,本章参考文献[14]在 Netflix 的部分数据集上验证了检测算法的性能。

评价托攻击检测方法的性能时需要同时观察准确率和召回率,而 F-measure 指标综合了准确率和召回率两个指标,能刻画检测算法的整体性能。与经典分类问题一样,我们首先得到真正(true positive,TP)、假负(false negative,FN)、假正(false positive,FP)和真负(true negative,TN)4 个分量。

推荐系统中包含两类用户——托攻击用户和正常用户,攻击检测就是将两类用户有效地区分开,识别出托攻击用户,检测算法对于两种用户类型(托攻击用户和正常用户)的分类有 4 种可能,输出结果可以使用混淆矩阵表示,如表 10.3 所示,将托攻击用户作为正例,正常用户作为负例,真正(TP)表示预测正确的托攻击用户,假正(FP)表示被预测成正常用户的托攻击用户,假负(FN)表示被预测成托攻击用户的正常用户,真负(TN)表示预测正确的正常用户。

表 10.3 输入混淆矩阵

测试类别	真实类别	
	正	负
正	真正	假正
负	假负	真负

对于攻击检测效果的评价,采用推荐系统攻击检测领域常用的评价指标,即 Precision、Recall、综合指标 F-Measure,3 种评价指标分别由式(10.4)、式(10.5)、式(10.6)计算。

$$Percision = \frac{TP}{TP+FP} \quad (10.4)$$

准确率表示检测出的托攻击用户占所有真正托攻击用户样本的比例,能够评价检测方法对推荐攻击的检测能力。

$$Recall = \frac{TP}{TP+FN} \quad (10.5)$$

召回率表示被预测正确的托攻击用户占所有被预测为托攻击用户样本的比例,反应检测方法对推荐攻击的检测精度。

$$F\text{-}Measure = \frac{2 Prescision \cdot Recall}{Prescision + Recall} \quad (10.6)$$

在测试过程中,攻击用户和正常用户的比例通常是不平衡的,F-Measure 用于评估检测算法的综合性能,能衡量不平衡数据下模型的表现。

图 10.8 描述了托攻击检测的仿真实验流程,托攻击生成器根据表 10.1 所示的托攻击模型定义,产生托攻击评分向量,并注入开放数据集,形成合成数据集,其中开放数据集的原有用户被标记为正常用户,新注入的用户被标记为托攻击用户。图中

托攻击检测器可部署各类检测器,如 C4.5 决策树、PCASelectUsers、HySAD 等,基于特征指标的检测器根据用户评分向量和由表 10.1 计算公式得到各种指标值,检测器的输出是合成数据集内所有用户的身份标识(正常用户或托攻击用户)。合成数据集标记已知,因此,计算准确率、召回率和 F-measure 等指标就可以定量评估检测算法。

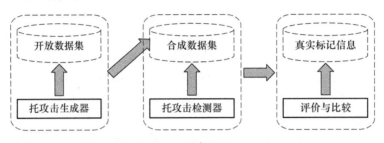

图 10.8　托攻击检测的仿真实验流程

除此之外,还可以采用平均绝对误差 MAE(mean absolute error)和均方根误差 RMSE(root mean square error)这两个评价标准来评估算法被攻击前后以及检测之后的准确性,计算方式如下:

$$\text{MAE} = \frac{\sum_{i,j \in T} |Z_{ij} - R_{ij}|}{|T|} \tag{10.7}$$

$$\text{RMSE} = \frac{\sqrt{\sum_{i,j \in T} (Z_{ij} - R_{ij})^2}}{\sqrt{|T|}} \tag{10.8}$$

其中,Z_{ij} 是预测的评分,R_{ij} 是真实的评分,$|T|$ 是测试数据的总个数。这两个指标的值越小,说明算法越准确。

10.5.2　Amazon 评论数据集和 Yelp 数据集

目前尚未有精确标记正常用户和托攻击用户的真实数据集公布,因而才需要仿真产生托攻击用户模型,显然,合成数据集的真实标记信息正确的前提条件是开放数据中的用户都为正常用户,而事实上,这个前提条件未必正确,即我们无法确定开放数据集中的原有用户是否包含托攻击用户以及包含的托攻击用户所占比例有多大。据此,真实案例分析试图识别数据集中的托攻击用户,利用语义来支撑识别结果,而语义信息的获取方法视不同应用和数据而异,并无固定方法。

本章参考文献[14]在 Amazon 评论数据集上做了真实案例分析。Amazon 评论数据集包含 49 289 个用户在 504 170 件商品上的 2 347 178 条评论记录,每条评论记录包含评论 ID、用户 ID、商品 ID、评论题目和内容、5 分制评分值、评论创建和更新时间及是否购买标记。首先,以评分值为输入数据,使用基于半监督学习的托攻击检测算法 HySAD 识别出概率最高的托攻击用户集合；其次，通过评论内容、评论创建和更新时间、购买行为等几个方面来分析这些值得怀疑的用户行为，从而为检测算法结果找到语义支撑。

一些学者在进行真实案例分析时还会使用 Yelp 数据集。Yelp 是美国最大的点评网站。其商户数据包括了各地的餐饮业、购物中心、酒店住宿、旅游景点等领域的数据，消费者可以在 Yelp 网站中创建账户，填写简历，添加朋友，给商户打分，撰写评论等。由于 Yelp 数据集中数据类型的全面性和数据的多样性，其常被用作教育和学术等用途。最初该数据集是为 Yelp 数据集挑战赛准备的，以便让学生对 Yelp 的数据进行研究或分析并分享他们的研究成果。Yelp 数据集的评分均为 1 至 5 之间的整数。

真实案例分析面向实际系统，相比于仿真实验，语义支撑在验证托攻击检测方法上更具说服力。但是，语义支撑依据往往需要通过手工获取，耗时耗力，难以排查实际系统中的所有用户。因此，结合仿真实验和真实案例分析两种方法，从基准测试数据和语义信息两方面来评价新提出的托攻击检测算法是一个非常合理可信的手段。

本章小结

随着推荐系统重要性的日益显现，推荐系统的健壮性和安全性问题得到越来越多的关注，推荐系统的托攻击检测问题也在近几年受到工业界和学术界的重视，结合数据挖掘和机器学习的托攻击检测方法的研究也日益得到重视。本章主要从以下 5 个方面对现有工作做了回顾：①介绍托攻击的概念、目的、评分向量构成和模型分类；②介绍衡量托攻击对推荐系统危害性的两类指标；③总结区分正常用户和托攻击用户的特征指标；④以机器学习角度分类为主线，介绍 3 类托攻击检测算法；⑤总结用于评估托攻击检测算法的数据集、指标和实验方法。

本章参考文献

[1] FRANCESCO RICCI, et al. Recommender Systems Handbook [M]. Boston: Springer, 2011.

[2] 赵良辉，熊作贞. 电子商务推荐系统综述及发展研究[J]. 电子商务，2013(12)：58-60.

[3] LAM S K, RIEDL J. Shilling recommender systems for fun and profit [C]// Proceedings of the 13th international conference on World Wide Web. New York: ACM, 2004.

[4] GUNES I, POLAT H, Bilge A, et al. Shilling attacks against recommender systems: a comprehensive survey [J]. Artificial Intelligence Review: An International Science and Engineering Journal, 2014.

[5] WILLIAMS C A. Profile injection attack detection for securing collaborative recommender systems[J]. Service Oriented Computing & Applications, 2006, 1(3):157-170.

[6] ZHANG S, CHAKRABARTI A, FORD J, et al. Attack detection in time series for recommender systems [C]//Proceedings of the 12th ACM SIGKDD International Conference on Knowledge Discovery and Data Mining. [S. l.]:ACM, 2006.

[7] HURLEY N, CHENG Z, MI Z. Statistical attack detection[C]// ACM Conference on Recommender Systems. [S. l.]: ACM, 2009.

[8] MEHTA B, NEJDL W. Unsupervised strategies for shilling detection and robust collaborative filtering[M]. [S. l.]:Kluwer Academic Publishers, 2009.

[9] CHIRITA P A, NEJDL W, ZAMFIR C. Preventing shilling attacks in online recommender systems[C]// Seventh ACM International Workshop on Web Information and Data Management (WIDM 2005). Bremen:ACM, 2005.

[10] BURKE R D, MOBASHER B, WILLIAMS C, et al. Classification features for attack detection in collaborative recommender systems[C]// Proceedings of the 12th ACM SIGKDD International Conference on Knowledge Discovery and Data Mining. [S. l.]: ACM, 2006.

[11] BURKE R, MOBASHER B, BHAUMIK R, et al. Segment-based injection attacks against collaborative filtering recommender systems[C]// IEEE International Conference on Data Mining. [S. l.]:IEEE, 2005.

[12] BRYAN K. Unsupervised retrieval of attack profiles in collaborative recommender systems[C]// ACM Conference on Recommender Systems. ACM, 2008.

[13] LEE J S, ZHU D. Shilling attack detection-A new approach for a trustworthy recommender system[J]. Informs Journal on Computing, 2012(1): 117-131.

[14] WU Z, WU J J, CAO J, et al. HySAD: a Semi-supervised hybrid shilling attack detector for trustworthy product recommendation[J]. SIGKDD Explorations, 2012(CDaROM):9.

[15] O'MAHONY M P, Hurley N J, SILVESTRE G C M. Recommender systems: attack types and strategies [C]// National Conference on Artificial Intelligence. Pittsburgh:DBLP, 2005.

第 11 章
电子商务环境下的网格架构与动态联盟体系

11.1 基于网格服务的电子商务体系架构

在电子商务交易过程中,商家首先要搜集、存储、统计、分析客户的各种求购信息,同时客户要分析商家的产品价格、质量、响应速度、配送方法、售后服务,及各类投诉信息等问题;其次双方需要进行网上谈判、签订网上合同及各种细节问题;最后商家要对交易中的信息进行管理,分析交易成功与失败的原因,分析潜在客户及自身需要改进的地方。因此电子商务交易中的资源检索、检索方法、信息集中、信息整序、关联就比较复杂,解决这些问题的关键就是资源共享,资源共享实现的关键技术就是网格技术,网格服务则是网格技术的具体体现,我们就是通过使用位于网络上的各种网格服务来实现资源共享[1]。

另外,在企业应用电子商务的过程中出现了许多问题,其中一个非常突出的问题就是企业内部和外部出现"信息孤岛"现象。企业内部的"信息孤岛"是指企业电子商务的整个 IT 系统不能很好地融合,各部门之间的信息及业务流程难以共享;企业外部的"信息孤岛"是指社会各种组织机构的计算资源、存储资源、软件资源、通信资源、信息资源、知识资源等互不连通。对整个电子商务领域而言,资源并不缺乏,但是资源的分配却很不均衡。例如,有很多企业或组织出现资源过剩现象,很多高性能计算机的工作量不足,很多存储资源空闲,但同时还有大量企业的资源非常紧张甚至不够用。由于电子商务是一种全球性的商务活动,因此这种资源分布的不均衡性严重制约了整个电子商务的发展。以上问题可以通过资源共享的方法解决,而其中的关键技术就是网格。

11.1.1 网格的概念与特点

一个电子商务应用平台应该具有以下特点。

① 透明性。平台内部的结构和工作原理对用户是透明的,通过网格浏览器访问某一网格服务器时,通过平台所提供的界面即可完成所需工作。

② 功能完整性。该平台应提供信息交流、资金支付等各种常用功能。

③ 安全性。在该平台中进行的各种电子商务活动必须是安全的,包括信息交流的安全、电子支付的安全等。

④ 自适应性。该平台应能够动态监测运行情况,合理进行资源的调度与分配。

网格是一个集成的计算与资源环境,或者说是一个计算资源池[2],代表了一种先进的技术和基础设施。通过网格可以充分吸纳各种计算资源,并将它们转化成一种随处可得的、可靠的、标准的、经济的计算能力,从而有效实现在异构和分布式网络环境中的资源共享,从而消除信息孤岛现象。网格作为一种基础设施,具有如下重要特点。

① 分布性。这是网格一个最主要的特点。组成网格的各种资源是分布的,而不是集中的,因此基于网格的计算是一种分布式计算。

② 共享性。网格资源虽然在物理上是分布的,但是在逻辑上却是充分共享的,即网格上的任何资源都可以提供给网格上的任何使用者。这是网格的基本目的。

③ 动态性。这是指构成网格的各种资源是动态变化的(动态增加或动态减少),而不是一成不变的。原来拥有的资源或者功能在下一时刻可能就会出现故障或者不可用的问题;而原来没有的资源可能随着时间的推移不断地加入进来。

④ 多样性。网格资源是异构和多样的,在网格环境中可以有不同体系结构的计算机系统和不同类别的资源。

11.1.2 电子商务体系架构

基于网络服务的电子商务体系结构[3]包括数据服务层、网格服务层、电子商务网格服务。数据服务层为分布式异构资源、数据库、服务器和应用系统,这些均是可以共享的资源,是整个电子商务网格的基础,这些资源数据将分布在不同地点、不同系统中,采用不同格式的数据进行集成,构建电子商务数据仓库。网格服务层包括数据访问服务、知识抽取服务、算法服务、工作流程服务及评价服务,是数据资源的调用、处理和评价过程。电子商务网格服务包括交易对象发现、信用评价、资金支付等功能网格,每个功能网格又包含有数据处理、信息交流、安全控制和管理服务等功能网格,如图 11.1 所示。

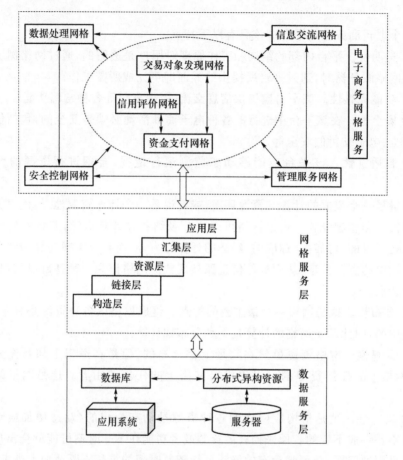

图 11.1 基于网格服务的电子商务体系架构

数据处理网格一方面集成多种异构的、分布的数据源;另一方面由多个服务器集群构成,是大型分布式系统的自然延伸,可通过集群技术服务器融合成为一台透明的、功能强大的"高性能计算机",进而可为海量数据的存储、传输、处理与融合提供基础框架。信息交流网格一方面对来自用户的信息进行传输和处理;另一方面对来自数据处理网格的信息进行处理,进而满足电子商务信息交流的要求。在电子商务交易中,信息流是海量的,如在电子商务业务中的信息流既包括商品信息的提供、促销营销、技术支持、售后服务等内容,也包括询价单、报价单、付款通知单、转账通知单等商业贸易单证。安全控制网格用来保证电子商务的安全,该网格应集成各组织的安全控制系统,用来控制电子商务的安全性,包括数字证书的发放与管理、身份认证的确定等。一方面,管理服务网格是电子商务网格的中央控制单元,通过该网格的集中统一管理使得电子商务交易中的数据处理网格、信息交流网格、资金支付网格、安全控制网格等符合统一的规范,利于实现系统间的互通、互联和互操作,发挥出最优化效用;另一方面管理服务网格具有服务功能,可提供电子商务网格需要的各种个性化服务。

11.1.3 网格体系结构

网格体系结构是实现网格技术的概念构架。目前比较重要的网格体系结构有两个:一个是 Foster 等在早些时候提出的五层沙漏结构[4];另一个是基于 Web Service 的开放网格服务结构(open grid services architecture,OGSA)[5]。

1. 五层沙漏结构

五层沙漏结构是一种影响比较广泛的结构,其核心思想是以"协议"为中心,强调服务与接口,每层都有自己的服务、应用程序接口和开发软件工具包,上层协议调用下层协议的服务。

① 构造层:它的功能是向上提供网格中可共享的资源,如处理能力、存储系统、目录、分布式文件系统、分布式计算机池等。

② 连接层:这是网格中网络事务处理通信与授权控制的核心协议层,其通过传输、路由及名字解析实现资源间的数据交换。

③ 资源层:它的功能是对单个资源实施控制,与可用资源进行安全握手,对资源做初始化,检测资源运行状况,统计与付费有关的资源使用数据。

④ 汇聚层:将资源层提交的受控资源汇集在一起,供虚拟组织的应用程序共享、调用。为了对来自应用层的共享进行管理和控制,汇聚层提供目录服务、资源分配、资源代理、负荷控制等功能。

⑤ 应用层:这层是网格上具体用户的应用程序,面向各种虚拟组织,负责解决不同虚拟组织的具体问题。

在五层结构中,各层的协议数量是不同的。在五层结构中,资源层与连接层共同组成了瓶颈部分,使得该结构呈沙漏形状。其内在的含义就是各层协议的数量是不同的,为了实现上层各种协议向核心协议的映射,同时实现核心协议向下层其他各种协议的映射,核心协议的数量不宜太多,从而资源层与连接层就成为整个体系结构中的瓶颈。在五层结构中,资源层和连接层共同组成这一核心的瓶颈部分,最终使得五层结构变成沙漏形状,如图 11.2 所示。采用沙漏结构的好处主要在于小的核心协议有利于移植并容易实现。

2. OGSA

OGSA 把 Glohus 标准与万维网服务结合起来,建立网格服务的基本概念。

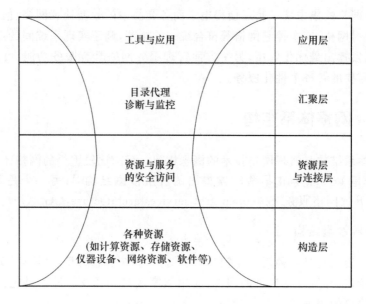

图 11.2　五层沙漏结构

OGSA 以服务为中心，把一切都抽象为服务。网格服务的最大优点是实现了在广域网环境下程序和资源的互联，其松耦合的特点能够很好地解决数据资源自治性和分布性的问题，以及技术异构和接口异构的问题。因此基于网格服务的电子商务交易体系与交易流程很好地解决了不同系统的资源集成、资源管理和数据处理的问题。

另外，OGSA 也是一种基于 Web Service 的体系结构。Web Service 是一个可以被 URI 识别的软件应用，其接口和绑定可以被 XML 描述与发现，并且可以通过基于 Internet 的协议直接支持与其他基于 XML 消息的软件应用的交互。OGSA 对 Web Service 进行了扩展，以"网格服务"的形式实现服务的共享。实际上"网格服务"就是一种特殊的 Web Service。

OGSA 由于采用统一的 Web Service 框架，因此具备了 Web Service 的所有有利因素，如服务描述和发现。OGSA 可以从服务描述中自动产生客户与服务端的代码；可以将服务描述与互操作的网络协议绑定在一起；可以与新出现的高级开放标准、服务和工具兼容；可以有广泛的工商业支持等。目前 OGSA 已经成为网格的标准体系结构，大量的网格应用基于 OGSA 进行构建。

OGSA 网格模式下网格电子商务平台的体系结构如图 11.3 所示，主要由 6 个部分组成。

① 数据网格与计算网格。数据网格可以集成多种数据源，从而为海量数据的存储、传输、处理与融合提供基础框架；计算网格通过集群技术将电子商务应用中各参与企业的服务器合成为一台透明的、能提供强大计算能力的虚拟计算机。

② 信息资源网格。信息资源网格是在数据网格与计算网格的基础上构建的,对来自数据网格的数据和计算网格的计算结果进行处理,从而形成信息资源并将信息资源提供给服务网格。

③ 服务网格。这是电子商务平台的核心组成部分和主要功能单元,提供电子商务系统所支持的各种服务,并对各企业的应用系统提供应用支持。

④ 系统建模与应用模板。该模块根据来自应用系统和个性化服务访问接口的不同要求,相应地生成专有的系统模型和应用模板。服务网格根据其生成的系统模型和应用模板,向应用系统或用户提供符合要求的服务。

⑤ 个性化服务访问接口。这是电子商务平台的重要功能单元,是电子商务平台通用性、交互性和实用性的重要实现部分。针对各企业的不同应用要求,电子商务各个应用系统通过该接口实现与电子商务平台的交互,进而获取个性化服务。

⑥ 开发规范与管理控制平台。这是电子商务平台的中央控制单元。通过该平台的集中统一控制,可实现各子系统的互通、互联和互操作。

采用网格技术的电子商务平台有效地实现了分布资源的共享,大大提高了参与电子商务的各企业之间协同工作的能力,解决了企业之间由于资源分布不均衡而对电子商务应用带来的困扰。

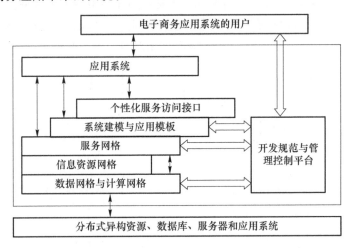

图11.3 OGSA网格模式下电子商务平台的体系结构

3. 网格技术对电子商务的影响

电子商务是一种基于网络技术的分布式应用,在电子商务中应用网格技术将对其产生深远的影响,具体表现在以下方面。

① 提供快速精确的计算能力。网格技术将充分利用网络上的各种计算资源,从而提供更加强大的计算能力,大大提高电子商务中所涉及的各种计算的速度和精度。

② 提高数据存储和管理能力。通过网格技术，可以将大量的数据分布式存储，从而提供无限的存储空间并且可以对分布的数据实现有效的管理，为应用提供统一的界面。

③ 支持分析决策能力。网格技术可以充分利用各种分布式资源，提供强大的计算能力，从而使得原来难以进行的业务分析与决策成为可能。

④ 提高资源利用率，打破信息孤岛。在网格环境下，开展电子商务的企业可以充分利用网络上闲置的计算资源进行计算、数据备份和数据恢复，从而提高了资源的利用率，减少了基础设施的投资。

⑤ 提高各电子商务企业之间的协同能力。随着经济全球化步伐的加快，在一个电子商务应用中将涉及越来越多的企业和个人。通过使用网格，可以将参与的各个组成部分集成为一个统一的"虚拟组织"，从而大大提高这些企业之间的协同能力。

4. 基于网格服务的电子商务交易的流程

交易主体通过节点资源发现交易对象，并对交易对象进行评价，实现基于网格服务的电子商务交易流程，如图11.4所示。具体的电子商务交易模块分为识别和确定交易资源数据源、设计电子商务资源发现的资源调度算法、电子商务交易对象发现网格服务、电子商务信用评价网格服务和基于网格服务的电子商务支付网格服务。

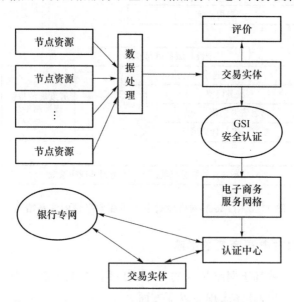

图11.4 基于网格服务的电子商务交易的模块

（1）识别和确定交易资源数据源

基于网格的电子商务服务智能集成的数据来自多种电子商务数据源，如实体资源、技术资源、数据资源、信息资源、财务信息以及各个环节的交易量等。通过提供电子商务基础网格服务实现电子商务资源与应用的集成,对电子商务中存在的大量的数据信息进行整合利用,使得这些数据信息为网格中的各个节点所用,以发挥这些数据信息的最大效用。

(2) 设计电子商务资源发现的资源调度算法

将资源调度算法应用于各种资源调度之中,合理地进行资源发现、存取、分配、调整、扩展等。采用数据仓库和在线分析工具,对询价、报价、初步订单信息、回复、最后订单信息、运输说明、发货通知、收货通知、汇款通知、收款报告、电子发票和客户的数据进行采集、挖掘、转换。根据不同的电子商务要求,经由网格服务进行大规模数据的多维在线分析,为各电子商务交易提供决策分析。

(3) 电子商务交易对象发现网格服务

交易对象发现是交易对象和交易对象请求者之间的纽带。交易对象是电子商务中的节点资源,交易时通过服务网格把请求的信息发送给交易对象,然后交易对象根据请求者的描述,做出判断,选择请求者,因此交易对象发现是根据交易对象请求者的交易对象请求描述,从网格上为请求者找到满足请求描述要求的合适交易对象的过程。

(4) 电子商务信用评价网格服务

基于网格服务的信用评价体系是对交易主客体的素质、产品质量、交货或付款及时性等交易的对象进行评价,形成信用的信息反馈。它是在电子商务市场中用于产生和传播信用信息的一种工具,其宗旨是利用以往交易的信息来判断卖方所提供产品或服务的质量以及买方支付货款的情况。

(5) 基于网格服务的电子商务支付网格服务

基于网格服务的电子商务支付网格服务的目的是让消费者、商家和金融机构之间可以使用安全电子手段交换商品或服务,即把新型支付手段的支付信息通过网格服务传送到银行或相应的处理机构,从而实现电子支付。电子商务支付网格服务网格对交易双方进行身份认证,将认证合格的银行账户信息发送给交易双方的开户银行,以银行专网为基础完成银行转账;将转账后的信息通过电子商务应用服务发送给交易实体,并结合工商、税务、商检、海关、法律和物流等部门协同作业完成配送和售后服务任务。

11.1.4 基于网格服务的电子商务信用评价

1. 基于网格服务的电子商务信用评价体系

基于网格服务的电子商务信用评价体系不仅包括传统的电子商务信用评价体

系所涉及的电子商务信用评价体系管理制度中有关客户信用调查、客户信用评估、债权保障决策、应收账款监控等的内容,还包括主客体、第三方中介的节点资源、网格服务安全认证、审核等相关内容。

基于网格服务的电子商务信用评价体系如图 11.5 所示,其由以下几部分组成:网格资源服务器是存储着电子商务各个主客体交易的评价数据;交易过程资源库是评价请求与启动相应的服务等过程中产生的数据;评价方法库是交易评价所采用的方法;评价预测器分配新任务到合适的电子商务网格服务节点上,根据信用评价数据中信息和预测器提供的预测做出预测决策;过程评价的数据库中每个通过安全论证的节点都可以对任一节点进行评价,完成以后网格服务自动地把结果提交到评价数据库中,完成一次信用评价过程。

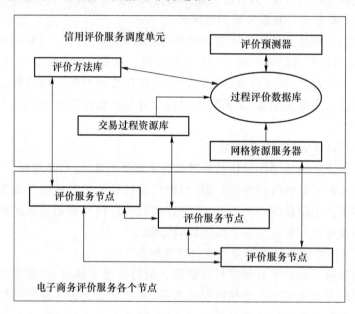

图 11.5 基于网格服务的电子商务信用评价体系

2. 基于网格服务的电子商务信用评价方法

在电子商务交易中,由于电子商务的虚拟性和不可接触性,电子商务的各个流程——从商品的选定到货款的支付再到商品的物流配送等流程都存在着信用问题。信用问题产生的原因有很多,信息的不对称使得在电子商务交易中买卖双方对交易另一方的信息不够了解,买家不能确定商品或服务是否和自己期望的一样,而卖家也不能确定买家是真的要购买自己的产品还是只是善意的欺骗,因此大量的数据需要判断和评价。基于网格服务的电子商务信用评价是一种综合评价,如图 11.6 所示。任何用户都可以通过网格服务参与电子商务信用评价,各种评价的数据也是通过网格上参与的用户而得来的。通过交易主体、交易客体、交易中介等评价指标进行评价，评价结果存入网格信用评价数据库，然后信用评价网格服务根据不同的评价要求调用不同的评价算法动态地生成评价结果。因此它的评价并不只受到一个因素的影响，而是受到众多因素的影响。它不是单纯地从目前的状况做出判断，而是通过许多方法（如神经网络、决策树、Logistic等方法）预测其未来的发展潜力。

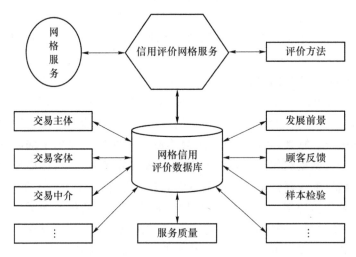

图11.6 基于网格服务的电子商务信用评价方法

11.2 电子商务环境下的动态联盟体系

11.2.1 电子商务环境与企业动态联盟

电子商务环境本质上是一个由个性化消费需求驱动的网上无形市场，其基本构成单位是虚拟化的企业，具有明显的动态性、群聚性、虚拟性和高度的复杂性。为了综合利用宏观环境和微观环境的各种力量，电子商务企业之间会做出资源整合的长期战略计划。这种战略可以使企业获得稀缺的资源，占有市场份额，并且可以使企业通过和其他企业的合作来增加产品的价值。一旦这种互相联系的关系得以形成，企业就能够降低它所处环境中不确定性事件的数量。**企业间这种传统的联盟**有如下定义：一个封闭的、长期的、由两个或两个以上合作者通过互相的利益协议建立的，可以各参与企业在竞争力均有提升的基础上得到资源、知识和生产能力共享的组织。

很显然,这时的企业联盟只具有对应于当时经济发展水平的静态概念,适用于传统的工业经济时代,而随着信息技术尤其是网络技术的进步,企业的发展空间更加广阔,多样化的选择要求企业组织更加开放、灵活和高效。信息技术已成为促使企业组织进行创新的动力,为企业组织创新提供物质基础和方法手段。企业在创新中实现决策和管理的科学化、生产流程的改进、生产技术的提高、企业组织结构的优化以及企业与外部环境的沟通融合。在这样的大环境下,企业组织特别是电子商务企业的边界将被重新界定。新型的组织结构已经从多重等级制转向宽松网络化的相对自主型结构方向发展,新型的、反应敏捷的经济实体已经成为企业组织的主导形式。

这样,企业间传统的静态联盟自然就具有了转向新型动态联盟的必然性。1991 年,美国理海大学艾科卡研究所在美国国防部和通用汽车等公司的支持下,提交了研究报告《21 世纪企业发展战略》,**正式开创性地提出了"动态联盟"**(dynamic alliance)概念,即动态联盟是为响应某一快速变化的市场机遇或共同目标而组建的一种网络组织形态。国内有学者将其分成两大类:相似资源联盟和互补联盟[6]。相似资源联盟是指合作网络中的各企业通过相似资源的整合来获得规模经济和风险分担等利益;互补联盟是指各企业用各自的核心能力完成价值链中的不同活动,通过互补资源的共享,形成一条更优化和更具竞争优势的生产经营价值链。电子商务环境下的动态联盟合作项目是在商务活动开展过程中,以无形市场为背景的、由动态联盟认定的、具有共同绩效目标与完成期限的、依托成员企业的核心资源而进行的一系列内容丰富的活动。衡量项目合作成功的主要标志是项目是否按时完成,是否符合绩效预算,是否满足市场需求。合作项目一般由若干个子项目构成,具有参与的企业多、风险大、生命周期短、动态性强等特性,项目管理存在较高的复杂性和风险性,因此,开展动态联盟合作项目的协同管理研究,对电子商务环境下联盟竞争力的提升具有重要的意义。

11.2.2 电子商务环境下的动态联盟体系构建

对动态联盟伙伴选择、成本控制和利润分配环节中的信息化问题进行研究,实际上就是基于信息化条件构建动态联盟体系。但是,与运用 JAVA、JDBC 等软件工具来构建动态联盟内部的信息支持系统不同,这需要暂且抛开技术层面的可操作性,从经济学的角度来理解宏观的信息环境与信息资源如何体现并将其运用到电子商务环境下动态联盟的微观体系中,同时应用经济学相关理论解决可能会出现的一些影响到动态联盟构建和运行的信息问题。虽然本书将动态联盟伙伴选择、成本控制与利润分配 3 个环节分开进行阐述,但并不意味着 3 者之间没有联系,相反它们之间有着严密的逻辑关系[7]:只有构建前适当的动态联盟伙伴选择,才有运行中最优的成本控制,最后才能够有整体利益增进下的合理利润分配。

1. 动态联盟伙伴选择

研究动态联盟伙伴选择的主要目的在于尽可能有效率地精确选择伙伴,目前在国内外均有着许多理论成果,如在层次分析法的基础上建立决策评价模型、在 0~1 整数规划模型的基础上运用混合遗传算法等。关于如何处理动态联盟伙伴选择中的信息问题,改进后的 Stackelberg 博弈模型的观点较具有代表性,其认为当后动者对先动者的观察存在"噪声干扰"时,即在需要付成本的前提下,只有当后动者不去观察先动者的行为时才存在唯一稳定的"扰动 Stackelberg 均衡",以此说明在信息不对称情况下,盟员是否加入或退出动态联盟与其能够观察到的其他企业的行为之间存在的关系。这与一般的盟主企业挑选盟员企业相反,是盟员企业通过信息搜集来决定是否接受盟主企业的加盟邀请。

继续上述的设定,我们可以将信息作为电子商务动态联盟在伙伴选择过程中所必须付出的搜寻成本,无论是在联盟构建之前还是联盟运行之中,在盟主与盟员之间、盟员与盟员之间都会持续存在着信息搜集行为。如果将上述情况皆看成博弈模型,那么每个模型中参与的双方就是在不断的信息搜集过程中进行博弈,所可能得到的收益就是能够根据信息中显示的对方会采取的行动,来做出最有利于自己的决策,这是利用主动性计划去克服市场固有信息不对称的一种方式。在博弈初期,双方会讨价还价,在此过程中增加对双方可以接受的合作底线的了解,即进行信息收集;在此之后,双方会尝试着不合作,试探是否可以获得对自己最有利的收益,以进行进一步的信息收集;最后,必定会有一方做出妥协以达成合作,来结束博弈,但前提是妥协之后获得的收益至少不会比在持续的讨价还价或不合作中获得的收益更差,这是对信息充分掌握之后的结果,也是一般博弈演化的必然进程。值得注意的是,正因为博弈双方的合作建立于妥协的基础之上,就更加证明了动态联盟的不稳定性,而这种不稳定性又是信息不断变化导致的。对此,有必要基于信息对称的原则,建立起科学、系统、灵活的动态联盟伙伴评价指标体系,使博弈双方在信息充分交流和共享的基础上进行有利于增加收益的稳定合作。

2. 成本控制

在电商环境下的动态联盟当中,成本控制的问题虽往往被忽视,但其涉及的层面相当广泛,渗透于动态联盟的构建、运行以及解体的各个环节。如果将成本分为生产成本与交易成本,那么在动态联盟运行过程中涉及的成本控制问题应当主要集中在交易成本上。这不仅是因为在技术既定的情况下各企业组织之间的生产成本基本上相差无几,还是因为从电子商务企业间的联盟是一种中间组织或者混合组织的观点看来,交易成本理论可以较好地解释动态联盟构建中关于委托和稳定性的问题:动态联盟的交易成本关系到契约的谈判和确定、监控盟友是否会依照契约做出决策以及盟友一旦违背契约会有什么样的处置方式;如果可以最小化盟员间的交易成本,那么企业联盟的效率就会高于市场效率,即成功的动态联盟肯定是组织边界行为能够减少交易成本的产物。

电子商务企业的动态联盟具有信息经济时代的宏观背景,这对于成本控制的研究也会产生一定的影响:一是研究方法大多运用神经网络、遗传算法和模糊数学这些较为新颖前沿的知识;二是研究目标会因为信息时代下的网络经济关系转为,即不是求一个成本最小化的最优解,而是求一组均适合于企业实际成本的次优解,变内点解为角点解。我们可以将动态联盟看作一个超循环系统,该系统内部包含了若干个相互交叉的子系统——盟员企业,因此动态联盟出现这一事实本身就具有了降低和分担成本的重要意义。所以,信息化条件下动态联盟成本控制的中心任务应当根据充分的信息做出合理的判断,在盟员以及整个网络间进行适当的任务分解和行为调整,以此来控制自身的交易成本。

在动态联盟体系当中,交易成本的控制主要体现在减少联盟,以合作模式维持运行中可能会出现的一些消耗。这就要求一方面在进行伙伴选择时就能够掌握充分的信息,以便于挑选可信任度较高、能与之稳定合作的伙伴;另一方面在联盟运行中通过足够的信息来合理分解任务和根据加盟企业的反应而调整自己的行为,以防在没有达到市场目的之前就遭遇联盟解体。当联盟稳定地按照既定目标和计划顺畅运行,不存在任何由于信息不对称而导致的企业联盟退出的随机冲击时,这就保证了不会因为"背叛博弈"而使得动态联盟的维持需要耗费超出其收益的巨额交易成本。实际上,我们可以将此理解为对合作博弈中夏普利值的计算,即不是仅从盟主企业或盟员企业出发,而是考虑到所有加盟企业的利益,使动态联盟产生整体成本最小化的效应,获得盟主企业与盟员企业之间的"共赢"合作。

3. 利润分配

按照 Kjell Hausken 的观点,当合作的共同产出无法区分各个合作方的贡献时,就会产生双向道德危害,导致代理人偷懒行为的出现,因此建立良好的利润分配机制是动态联盟构建中必须重视的关键环节之一。目前,一般运用博弈论对动态联盟的利润分配机制进行研究并主要讨论两个问题:第一,单个企业如何评价任一联盟潜在的资源、技术和知识,以判断加入联盟后的收益是否会小于它在市场中单独行动时可获得确定的收益;第二,联盟的参与者们如何设计出一个公平的归罪机制,既让联盟所有成员都满意,又使所有成员都认同为了其他联盟而背弃本联盟是非理性的选择。对于这两个问题,有学者已给出一些解决方法,如利用特征函数对动态联盟的博弈过程进行分析,说明利用夏普利值计算联盟企业收入分配问题的合理性;又如在产出分享合同下研究动态联盟的分配策略和引入团体惩罚机制对利润分配的具体影响；又如根据委托-代理理论建立基于事前协商的动态联盟利润分配模型，分析事前利润分配合同对成员企业协作行为及整体协作效果的影响，指出不同分配方式对动态联盟总体利益的影响。这些研究在数学形式上均较为完美，但实用性尚待进一步商榷。

动态联盟在经历了构建前的动态联盟伙伴选择以及运行中的成本控制之后，需要根据每个加盟成员的表现和努力程度来确定如何分配因实现市场目标而获得的利润。这时利润分配会同时具有正、负两方面的效应：一方面，在利润的驱使下联盟成员产生互相合作的动力；另一方面，分配不公会对联盟的稳定运行产生不利的影响。所以，也可以将委托-代理框架理解为一种监督下的激励系统，其能够促使联盟成员形成满足帕累托最优标准下激励相容条件的努力水平。这样能够将问题关键转换为盟主对盟员信息的掌握程度和盟员对盟主信息的掌握程度上。根据国内外相关研究成果并鉴于信息难以量化处理，我们建议可以在委托-代理机制中引入风险的概念，集中掌握企业可能会遭遇收益损失的风险的信息，对动态联盟生产期风险、发展期风险、运作期风险和解体期风险进行识别，并将其换算为企业损耗，以此来量化风险，从而确定加盟企业之间利润分配的比例。这样就可以在"风险分担、收益共享、多劳多得"的原则下建立模型，在需求和供给函数中加入风险影响下随机冲击的因素，得出依据动态联盟内企业努力程度的最优利润分配机制。

11.2.3 电子商务环境下的动态联盟项目协同管理体系

1. 动态联盟合作项目的协同管理

电子商务业务流程具有一定的协同性。首先供应链上商务过程有明显的协同性，买卖各方之间的协作是商务活动得以完成的保证。企业内部、企业与企业之间均要通过计划、控制、调整等协调手段来满足市场，实现需求、生产、供给的匹配，从而达到协同，完成电子商务流程。另外，以信息技术为手段，将商品设计、工程、资源、业务、营销、管理以及服务紧密地联系在一起是协同电子商务发展的核心之一[8]。

项目管理具有协同性。项目实际上是具有绩效、时间和成本等目标的有机整体，是一个系统，对项目运作的管理需要协同。电子商务环境下的项目管理不但包括库存、生产、销售与财务等内部因素的协同，而且包括市场需求、生产、供应、采购以及交易等环节的协同。因此，电子商务环境下的项目管理是企业内外资源的协同。

动态联盟项目的协同管理是运用协同的原理，以协同管理系统为基础，根据电子商务环境下项目的特征和目标，通过协调项目组织实施过程中各成员的关系，形成协同机制,产生协同效应的过程。其根本目的是协调合作企业之间的责、权、利关系,使项目实施的进度、成本、质量协调一致。项目进度管理、成本控制、质量监控、知识管理等是项目协同管理的基本内容。而电子商务环境下合作项目的协同管理还应使合作企业间的信息流、商流、资金流和物流协调一致,这增加了项目管理的复杂性与难度。由于动态联盟是网络化的动态组织,因此,项目管理具有一定的风险性和动态性。

2. 项目协同管理系统的构建

动态联盟项目的协同管理是一个复杂的系统,很多学者认为协同包含通信、合作、协调、一致性等多个级别,其中一致性是合作协同的最高境界。不同的协同级别对项目协同管理体系的要求不同,针对电子商务环境下的动态联盟项目,为了使联盟团队实现较高的效益增值,本书在一致性级别的协同水平上讨论构建动态联盟项目协同管理系统。根据电子商务环境下动态联盟合作项目的特点,一致性协同水平的项目协同管理系统主要包括网络技术支撑的协同工作基础平台、项目信息协同处理模块、项目知识协同管理模块、项目数据管理模块、项目实施过程管理模块。

协同工作基础平台由软件、数据库等构成,用来支撑、构建、管理系统应用软件,包含业务协同应用系统和应用软件,是项目协同管理工作的基础性平台;项目信息协同处理模块是项目协同管理体系的输入输出系统,具有信息沟通与传递、协同信息的管理等功能;项目知识协同管理模块是一个在动态联盟内共享的、并不断动态更新的知识仓库,用来存储与项目相关的经验、技巧、工作收获等项目知识内容,供项目参与企业调用;项目数据管理模块是项目协同管理系统的数据仓库,用来存储项目运行与管理过程中的各类数据;项目实施过程管理模块是项目协同管理系统的核心部分,包括项目启动、项目计划、项目执行、项目控制、项目总结等关联循环的阶段,是实现项目进度协同、成本管理协同和质量管理协同的根本保证。

3. 项目协同管理的系统控制机制

从系统的角度看,在维持协同机制的运行过程中,必须对环境变化与外部干扰产生的一些不协同性进行适时的调节与控制。其措施分为内部控制机制和外部控制机制。内部控制机制包括组织机制和协调机制;外部控制机制主要包括文化素质机制和法律制度机制。

组织机制:运用组织机制对项目合作进行协同管理的过程。主要通过控制内部资源与环境等要素,促进项目有效运行。其管理控制的过程是获取项目过程信息—认知和处理信息—规定工作范围与主题—设计组织运行方式—分解组织行为结果—将结果与预期目标进行比较以修正行动方向—对组织协同状况进行分析—

分析结果反馈,各个过程组成一个循环控制过程。

协调机制:运用组织内部的人文精神、行为习惯、道德约束、内部制度、人际关系等组织内部的软实力因素,来协调项目运作的内部环境,使项目参与人员间形成良好的合作精神和合作氛围,使项目组织内部产生协同作用。

文化素养机制:利用项目工作人员的知识结构、文化素养、技术水平等个体因素来控制和协调项目的运行,通过项目知识共享、专业技术培训和人文素质教育等措施,激发项目工作人员的积极性和创造性,提升项目团队的创新能力,推动项目顺利完成。

法律制度机制:运用法律与相关制度保障项目合作实施内容与进程,为项目的运行提供公正透明的法律制度环境,通过公正解决项目运行过程中产生的各种商务纠纷,防范和制裁机会主义行为和违规行为,保障项目合作业务的正常进行。

11.2.4 支持动态联盟优化运行的关键技术——敏捷供应链

和传统的企业信息管理系统相比,电子商务企业的最大困难是分布和异构的挑战。在新的国际竞争态势下,越来越多的产品将通过国际合作来完成。适应分布在世界各地的不同企业使用的不同计算机软硬件平台和应用工具是对敏捷供应链这扇"电子化大门"的基本要求,这使得敏捷供应链成为支持动态联盟优化运行的关键技术。

敏捷供应链区别于一般供应链系统的特点在于,可以通过快速封装和代理协同的手段,根据动态联盟的形成和解体(企业重组)进行快速的重构和调整。供应链敏捷化的实现是一个复杂的系统工程,它牵涉很多思想和技术的应用,其中的异构信息集成和系统快速重构是2个关键。基于多代理的分布协同是解决这2个问题的有效途径。

代理(agent)技术来源于人工智能。虽然代理的概念在20世纪60年代就已被提出来了,但它真正开始繁荣是在20世纪90年代,现正向计算机应用的各个领域渗透。我们采用"代理"来表示具有下列特征的软件系统。

① 自治性:这是代理区别于一般软件系统的最主要特征,代理能够在没有人或其他外界因素的干预下运行。

② 智能化:代理的智能性表现在它可以感知环境并及时地做出反应,通过触发规则来执行定义好的计划。

③ 主动性:代理可以根据目标和意图进行推理,主动地采取行动达到目标。

④ 协作性:对于单个代理无法完成的任务,可以在上层代理的协调下,通过多代理的协调与合作来共同完成。

⑤ 适应性:代理有一定的自我调节功能,可以适应环境的变化。

因此,我们提出了通过多代理协同技术来提高供应链敏捷性的方案,如图11.7所示。在图11.7中,不同厂家的异构ERP通过标准功能定义,被封装成一个个CORBA对象,这些CORBA对象的集合构成了不同的代理。代理可以有层次,高层次代理(协同代理)可以控制、调度低层次代理的活动以完成更复杂的任务。多代理的协调由推理机通过规则库和事实库完成[8]。

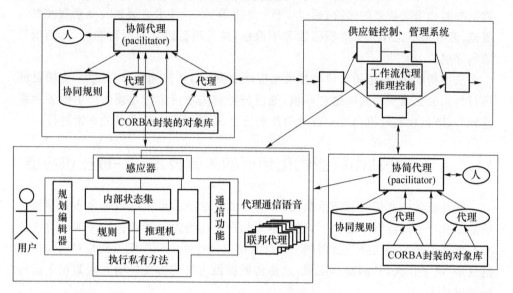

图11.7 基于多代理的敏捷供应链

敏捷供应链的应用主要是解决企业间的信息集成、共享和交换问题。它的应用类似于给企业安装了一扇"电子化大门"。通过这个大门,企业可以用现代电子化手段方便地和它的销售商、供应商和其他合作伙伴交流信息、共享资源和协同工作。事实上,可以通过敏捷供应链开展下列原本无法进行的工作。

① 通过专业化的商务协作网,向社会及时介绍企业的产品信息和合作需求,大幅度提高企业参与国际合作、平等竞争的能力。

② 通过专业网站的虚拟仓库,向社会和合作伙伴提供生产和库存信息,并通过这个专业网站的服务,主动了解合作伙伴的生产计划和库存情况,以便更快、更好地安排计划和组织生产。

③ 方便、快捷地了解市场的反馈和变化,直接用电子化的方式或通过提供增值服务的专业化网站完成向供应商发出电子订单、协商订单条件以及划拨资金、收发报表等一系列商务活动,使企业能动态跟踪市场的变化和订单的执行情况,及时做出必要的调整和决策。

④ 通过提供增值服务的专业化网站来客观地了解其他企业在资金能力、技术创新、人才储备和产品开发方面的有关信息,了解它们在及时供货、产品质量、付款

信誉和客户服务方面的信息,以便更科学、合理地选择战略伙伴和动态盟友。

因此,敏捷供应链这个支持优化动态联盟的关键技术,是企业开展电子商务、进入国际循环的关键,而它提供的一系列技术将是构造敏捷供应链这扇"电子化大门"的重要基础。

本章小结

本章基于电子商务应用平台和交易过程,首先分别对网格、电子商务体系架构、网格体系结构进行阐述,然后详细分析基于网格服务的电子商务交易的流程和基于网格服务的电子商务信用评价体系,最后结合电子商务环境,对企业动态联盟体系的构建及动态联盟项目协同管理体系等进行详细解释并举例分析。本章结合电子商务资源丰富却分布不均衡的大环境,为电子商务活动的资源分配提供了有效见解。只有将资源共享,并实现静态联盟到动态联盟的转换,才能切实解决资源分布不均衡的问题。

本章参考文献

[1] 徐志伟,冯百明,李伟. 网格计算技术 [M]. 北京:电子工业出版社,2004.
[2] 都志辉. 网格计算 [M]. 北京:清华大学出版社,2002.
[3] 曹杰,刘军. 基于网格服务的电子交易体系与交易流程分析[J]. 东南大学学报(自然科学版),2008,38(A01):192-195.
[4] FOSTER I, KESSELMAN C, TUECKE S. The anatomy of the grid: enabling scalable virtual organizations [J]. The International Journal of High Performance Computing Applications,2001,15(3):200-222.
[5] 钟伟森,李吉桂. 网格模式下的电子商务[J]. 计算机科学,2004(6):96-98.
[6] 范凯波,陈国权. 动态联盟形成中企业的合作动机 [J]. 中外科技信息,1999(5):48-52.
[7] 张枝军.电子商务环境下动态联盟企业信任治理机制 [J].企业家信息,2012(4):100-102.
[8] 张申生. 动态联盟和电子商务:中国企业的敏捷化之路探索(Ⅱ)[J]. 中国机械工程,2000,11(3):339-344.